August Sturm

**Beiträge zum römischen Recht**

unter Berücksichtigung des Entwurfs für das Bürgerliche Gesetzbuch

August Sturm

**Beiträge zum römischen Recht**
*unter Berücksichtigung des Entwurfs für das Bürgerliche Gesetzbuch*

ISBN/EAN: 9783743649835

Hergestellt in Europa, USA, Kanada, Australien, Japan

Cover: Foto ©Suzi / pixelio.de

Weitere Bücher finden Sie auf **www.hansebooks.com**

# Beiträge
## zum
# Römischen Recht

unter Berücksichtigung des Entwurfs für das
Bürgerliche Gesetzbuch

von

Dr. jur. August Sturm,
K. Notar und Rechtsanwalt in Naumburg a/S.

---

Naumburg a/S.
Albin Schirmer, Verlagsbuchhandlung.
1891.

# Herrn Dr. Bernhard Windscheid

Professor an der Universität Leipzig

gewidmet.

## Widmung.

Wie ich Ihnen im Jahre 1878 mein „negotium utiliter gestum" widmen durfte, so ist es mir vergönnt gewesen, Ihnen, hochverehrtester Herr Professor, auch die Nachträge zu meinen in der Zwischenzeit entstandenen Arbeiten widmen zu dürfen; ich brauche nicht zu erwähnen, wie mich die wiederholte Annahme erfreut; ich weiß, welche Grundlagen und welche Anregung zu rein theoretischen Studien ich Ihnen verdanke. Es ist dem Praktiker, dem leider die Freiheit wissenschaftlicher Forschung nur in den kurzen Jahren seines Ausscheidens aus dem Staatsdienst voll beschieden war, ein Bedürfniß, es auch an dieser Stelle offen auszusprechen, daß uns bei allen rechtlichen Specialstudien nur das Römische Recht zu den letzten Tiefen führt und uns sie ergründen hilft.

Dr. A. Sturm.

# Inhalt.

|     |                                      | Seite |
|-----|--------------------------------------|-------|
| I.  | Zur Lehre von den Rechtsnormen       | 1     |
| II. | Die Geschäftsführung ohne Auftrag    | 23    |
| III.| Die Immission                        | 40    |
| IV. | Das Bienenrecht                      | 52    |
| V.  | Die Syndicatsklage                   | 59    |
| VI. | Das Recht der Thiere                 | 66    |

# I.
# Zur Lehre von den Rechtsnormen.

### § 1.
#### Einleitung.

Im Anschluß an meine 1883 erschienene Abhandlung „Recht und Rechtsquellen", welche die Grundzüge meiner Art der Rechts= forschung enthält, lasse ich jetzt eine Kritik der Lehre von den Rechts= normen nach künftigem Reichscivilrecht folgen. Dieselbe ist natürlich eine rein subjective, und kann nicht, wie „Recht und Rechtsquellen", auf Allgemeingiltigkeit Anspruch machen, denn der Zweckgedanke kann wohl am bestehenden Recht als Allen einleuchtend nachgewiesen werden, beim künftigen Recht aber soll der Zweck erst gesetzt werden, und kann man darüber verschiedener Ansicht sein. Und darum will diese Schrift nur dazu anregen, meine Zweckgedanken und die daraus ent= springende Kritik zu prüfen. Ich gebe mich babei der Hoffnung hin, daß Manches als annehmbar befunden werden wird.

### § 2.
#### Der Zweck im Reichsrecht.

Es ist von Jherings Verdienst, neuerlich auf die allumfassende Bedeutung des Zwecks im Recht energisch hingewiesen zu haben. Das Recht ist schlechthin die Welt des Willens; da aber das Zweck= gesetz lautet: kein Wollen ohne Zweck, muß der Zweck das gesammte Recht beherrschen, ja schaffen.

Der nationale Wille des Deutschen Reichs hat jetzt ein Ziel

vor Augen, wie es ihm noch nie beschieden gewesen ist, er will ein bürgerliches Gesetzbuch schaffen, welches das ganze Deutsche Recht einheitlich regelt. Die in den Handelnden lebende und sie zum Handeln veranlassende **Vorstellung**, der **Zweck**, ist das neue Gesetzbuch, aber den Inhalt dieser Vorstellung bildet das **Zukünftige**, welches die Handelnden erreichen wollen, hier also das **künftige Reichscivilrecht**. Der Wille, diese „wahrhaft schöpferische d. h. aus sich selber gestaltende Kraft in der Welt", will als Deutscher Wille ein neues Gesetzbuch schaffen; „der Hebel dieser Kraft ist der Zweck", hier der Zweck, daß[1]) wir Deutschen einst alle ein Deutsches, einheitliches Civilrecht erhalten.

Es fragt sich nun, wie wir diesen Zweck erreichen können?

Da es ein Deutsches, einheitliches Gewohnheitsrecht nicht gibt, kann dieses Recht nicht mehr in der Aufzeichnung des Gewohnheitsrechts bestehen. Da ferner kein Recht eines einzelnen Staates oder Stammes schon factisch für alle Staaten oder Stämme gilt, das künftige Recht aber ein alle Staaten und Stämme umfassendes sein soll, so kann nicht etwa das Recht eines Staates für alle gesetzt werden, sondern alle Staaten müssen sich vereint ein ganz neues Recht setzen.

So steht denn der Deutsche Gesetzgeber vor einer in der Welt neuen Aufgabe; er soll nicht **bestehendes** Recht **codificiren**, sondern er soll ganz neues, einheitliches Recht schaffen. Früher war das Motiv des gesetzgebenden Willens der Zweck, das nicht geschriebene Recht aufzuschreiben, jetzt herrscht das Motiv, noch gar nicht und nirgend bestehendes Recht zu setzen und aufzuschreiben.

Darum kann auch beim Setzen dieses neuen Rechts nur der Zweck entscheiden; **das für das ganze Reich zweckmäßigste Recht muß gesetzt werden!**

Damit ist dem Gesetzgeber zum Unterschied gegen frühere Codificationen eine viel **freiere** Aufgabe zugefallen, denn er braucht nicht mühsam und ängstlich nach einem etwa herrschenden Gewohnheitsrecht zu suchen, er braucht auch nicht etwa abzuwägen, was etwa eine zufällige Mehrheit für einheitliches Recht hält, weil sie

---

[1]) „Das quia ist die Natur, das ut der Mensch", Jhering, Zweck im Recht I. S. 25.

es schon besitzt, sondern er kann frei den Zweckgedanken walten lassen; es ist ihm aber auch damit eine unsagbar schwere Aufgabe zugefallen, denn er hat ja nicht allein das Recht zu setzen, er muß es auch für das Parlament annehmbar machen. Nun aber enthält gerade das Recht das conservativste Element von allen Dingen: wir gehorchen dem Gesetz, weil es **historisch** unser Gesetz ist. Es wird daher für die Normen, welche der Particulargesetzgebung entzogen werden, **einer Resignation der Betroffenen bedürfen, die einst erst in den durch das künftige Recht gezeitigten Früchten ihren verdienten Lohn finden kann.**

Daß diese Resignation Früchte tragen wird, dürfen wir hoffen. Ich habe in meiner Abhandlung „Recht und Rechtsquellen" gezeigt, daß alles Recht auf dem sittlichen Geselligkeitstrieb ruht, mit dem Menschen auf das engste verwachsen ist und ihn erst zum Menschen macht. Darum ist es nur innerhalb der organischen Gesellschaft, der Nation, möglich, und bildet sich als Völkerrecht nur im Vertrage von Nation zu Nation. Fühlt nun eine Nation plötzlich ihre Einheit, und erkämpft sie, so wird naturgemäß einige Zeit nach diesem glorreichen Ereigniß der Wunsch nach einem einheitlichen Recht bei ihr erwachen; der Wunsch wird zum Willen werden und zur That gipfeln, die bestehen muß, so lange die Einheit besteht. **Hieraus folgt der Beruf gerade unserer Zeit für eine einheitliche, Deutsche Gesetzgebung, die lediglich die Zweckmäßigkeit zu leiten hat.**

Diese Zweckmäßigkeit liegt von politischen Motiven **meist** fern; nur in wenigen Fragen wird das Parlament m. E. Veranlassung haben, mitzuerwägen; ihre Prüfung ist Sache der eingehenden Arbeit einer **Commission**!

Dagegen bringt es eine derartige Gesetzgebung, welche kein historisches allgemeines Recht hinter sich hat, mit sich, daß sich die Mängel und deren Verbesserungen erst im Laufe der Zeit in der Praxis herausstellen. Und darum wiederhole ich einen schon früher gemachten Vorschlag, wenigstens für die nächste Zeit nach dem Erscheinen des Gesetzbuchs eine stehende Gesetzgebungscommission zu ernennen, welche, mit der Praxis und dem Leben engste Fühlung haltend, dem Parlament von Zeit zu Zeit die ver=

bessernden Vorschläge macht. Diese Commission müßte m. E. naturgemäß aus Mitgliedern des Reichsgerichts bestehen. Und ich bin der Ansicht, daß man dann diese sich gewiß bewährende Commission beibehalten wird! Denn wir geben uns ja schon lange nicht mehr der Ansicht hin, daß wir ein in allen Einzelheiten für lange bestehendes Recht schaffen könnten; jährlich werden unsere Particularrechte durch neues Reichsrecht durchbrochen. Und sollen etwa die späteren Generationen wieder darauf angewiesen werden, bei neuen und wechselnden Lebensverhältnissen aus unseren Motiven und Verhandlungen Gedanken herauszulesen, die wir nicht ausgesprochen haben, und an die wir nicht denken konnten? Nein, wir wollen ein klares Recht haben, das mit den Lebensverhältnissen fortschreitet, und dazu bedürfen wir jener Commission! Man braucht dabei nicht zu befürchten, daß Alles im Flusse bleibt; zunächst wird es sich wohl auch um wichtige Verbesserungen handeln, haben sich diese aber bewährt und eingelebt, so bleiben gewiß kraft der conservativen Natur des Rechts die Grundsäulen und das Gebäude unentwegt bestehen, und es wird nur hier und da ein Stein eingefügt oder ein Anbau unternommen werden.

## § 3.
### Die Organe des zwecksetzenden Willens.

Der zwecksetzende Wille bedarf zu seiner Aeußerung der Organe. Diese sind die Gewohnheit und das Gesetz, ein drittes Organ für den Imperativ dieses Willens ist historisch nicht vorhanden, aber auch nicht denkbar.[1] Es wird daher an dieser Stelle eingehend zu prüfen sein, wie diese Organe dem Zweck dienen können und in welcher Weise sie von dem Entwurfe und den Motiven in den Dienst des Zwecks gestellt worden sind. Ich gebe damit zugleich den Abschluß meiner früheren Lehren vom Gewohnheitsrecht, und darf dieselben einer Probe an dem vorgeschlagenen neuen Rechte unterziehen, zumal ich in den zu citirenden Schriften stets diese Lehre de lege ferenda mit behandelt habe, ja dieselbe nur behandelt habe, um sie de lege ferenda zu prüfen.

---
[1] cf. Recht und Rechtsquellen, Seite 21.

## § 4.
### Das Gewohnheitsrecht.

Man wird von einer Gesetzgebung dann sagen müssen, daß sie nicht mehr codificire, sondern dem Zwecke entsprechendes Recht schaffe, wenn sie es sogar aus Zweckmäßigkeitsgründen wagt, einer Rechtsquelle das von ihr gegebene Recht als ungiltig abzuweisen, wenn sie das Gewohnheitsrecht principiell nicht anerkennt. Das aber ist von Seiten des Entwurfs für das bürgerliche Gesetzbuch der Fall: „Gewohnheitsrechtliche Rechtsnormen gelten nur insoweit, als das Gesetz auf Gewohnheitsrecht verweist."

Prüfen wir, ob die Motive diesen hochwichtigen, ja m. E. wichtigsten allgemeinen Satz des Entwurfs genügend zu begründen vermögen.

1. Die Motive erwähnen die ältere Theorie, wonach die verbindende Kraft des Gewohnheitsrechts auf eine dieselbe bedingende stillschweigende Genehmigung des Gesetzgebers zurückgeführt wurde, und nennen dann die Ansicht der historischen Schule, welche annahm, daß das in der zeitlichen Entwickelung dem Gesetzesrechte vorangehende Gewohnheitsrecht seinen Geltungsgrund gleich jenem in der letzten Quelle alles positiven Rechts, der Vernunft der Völker, habe, und somit dem Gesetzesrechte ebenbürtig, wenn nicht überlegen sei. Es heißt dann weiter: „die herrschende Ansicht sieht in dem Rechtswillen des Gesetzgebers und in der Rechtsüberzeugung (dem Rechtsbewußtsein des Volkes) rechtsbildende Factoren gleichen Ranges, und nimmt an, daß das Gesetzesrecht durch Gewohnheitsrecht ebensowohl aufgehoben und geändert als ergänzt werden könne, gesteht aber dabei zu, daß das Gesetz die Voraussetzungen, unter welchen ein Gewohnheitsrecht sich bilden könne, zu regeln, und die Entstehung eines den gesetzlichen Rechtssätzen widerstreitenden wirksamen Gewohnheitsrechts durch Verbot zu hindern vermöge." (Motive Seite 3.)

Richtig mag nun sein, daß dies die herrschende Ansicht ist, wenn auch bei der leider so sparsamen modernen Literatur über die allgemeinsten Rechtslehren kaum von einer Majoritätsansicht gesprochen werden kann. Ich verweise auf meinen ersten Theil von „Recht und Rechtsquellen", in dem ich den sittlichen Geselligkeitstrieb als die letzte Grundlage des Rechts bezeichnet (§ 5), und wo ich als dessen beide einzig möglichen Aeußerungen die imperativische Rechtsnorm in der Gewohnheit, dann im Gesetz hingestellt habe (§ 6 und insbesondere § 9). Ich verweise auch auf meine Lehre von den Wesensnormen, wonach ich die Verkümmerung der Gewohnheit historisch constatirt und erklärt habe. Der Entwurf giebt keine Definition des Rechts; es wird wohl einmal an einer Stelle von dem „Gemeinwillen" gesprochen, der sich bei dem Familienrechte mit besonderer Energie bethätigen soll (Seite 22 der Motive), aber dieser Gemeinwille ist nicht der philosophische „allgemeine Wille", sondern wohl nur der sich im Parlament äußernde Volkswille. Wohl aber giebt der Entwurf die erste Form der Aeußerung des sittlichen Geselligkeitstriebes an, wie ich sie in § 6 des ersten Theiles von „Recht und Rechtsquellen" geschildert habe: er bezeichnet das bürgerliche Recht als einen Inbegriff von Normen. Damit ist aber gesagt, daß die Form der Aeußerung des sittlichen Geselligkeitstriebes eine imperativische ist, wie dies im Wesen des Willens liegt, weil dem „ich will" ein „du sollst" entsprechen muß. Anerkannt ist auch, daß die imperativische Norm eine nationale Natur haben muß (§ 7 des ersten Theils von „Recht und Rechtsquellen"), denn die Motive führen aus, daß dem sogenannten Naturrechte objective Rechtsnormen sich nicht entnehmen lassen (S. 16). Dagegen fehlt es an einer Begründung, daß und warum das Recht sich nur in der Form der Gewohnheit oder des Gesetzes äußern kann, wenn es die Allgemeinheit zwingen soll. Diese Wahrheit an sich ist vom Entwurfe anerkannt. Das Naturrecht, das durch aprioristische Construction gefundene Recht, dessen Inhalt in jedem gegebenen Falle nur dasjenige bildet, was der Construirende für wahr hält, ist nach dem Entwurfe ein Wahn! Ebensowenig kann nach den Motiven die Jurisprudenz ein Juristenrecht bilden, sie kann nur bei der Auslegung thätig sein. Warum aber sind nur Gesetz und Gewohnheit Rechtsquellen? Eben darin, daß keine Begründung hierfür gegeben werden kann, liegt die Begründung. Es giebt für das Recht drei Wesensnormen, die ihren Grund im Wesen des Rechts haben und nicht weiter begründet werden können: a) es muß unter einer bestimmten Menschengesellschaft eine Norm für das äußere Verhalten bestehen, um sie selbst und die folgenden Geschlechter im ewigen Erbrecht fortzuentwickeln;

b) diese die Allgemeinheit zwingende Norm muß eine äußere bestimmte Form haben; c) es muß eine jede Norm die Form der Gewohnheit oder des Gesetzes haben, wenn sie die Allgemeinheit zwingen soll. (S. 21 loc. cit.) Es läßt sich nun a priori und abgesehen von der Geschichte, nachdem man das Verhältniß der inneren Macht der Gewohnheit zu der des Gesetzes, wie auch das Verhältniß der äußeren Macht der Gewohnheit zu der des Gesetzes geprüft hat, meines Erachtens logisch kein anderes Endresultat finden als: ein Gesetz kann in einer Zeit und für eine Zeit der Gewohnheit die äußere Macht entziehen, aber nicht für alle Zeiten, wenn es nicht immer neues Recht setzt. (Seite 42 meiner citirten Schrift.) Damit bin ich allerdings zu einem ganz andern Resultat gelangt, als der Entwurf es bei der „herrschenden Ansicht" findet, es wird sich aber zeigen, daß dasselbe auch für den Entwurf fruchtbarer ist, als die Meinung der Gegner.

2. Die Motive prüfen nun weiter das geltende Recht über die Rechtsquellen. Sie citiren aber m. E. zu Unrecht die l. 2 cod. 8, 53, da diese nur sagt, daß eine particuläre Rechtsgewohnheit gegen ein allgemeines, particuläre Gewohnheiten ausschließendes Gesetz nicht solle bestehen können (cf. S. 165 loc. cit.). Richtig ist, daß bei dem Vorgehen der neueren Gesetzgebungen der Umstand zur Erklärung dient, daß jene von der absolut maßgebenden Bedeutung des staatlichen Willens ausgehenden Gesetzgebungen keiner Doctrin gegenüber gestanden haben, welche die Angemessenheit dieses Ausgangspunktes bestritt. Nicht richtig aber ist es, daß bei dem Vorgehen dieselben Gründe der Zweckmäßigkeit und Erwägungen ins Gewicht gefallen sind, welche mit den Zeiten einer umfassenden Codification des Privatrechts in nothwendigem Zusammenhange stehen. Denn Codificationen haben das bestehende Recht aufzuschreiben, und sind daher nicht vom Zweck, sondern von jenem Recht und seiner bestehenden Theorie abhängig.

3. Ganz anders liegt aber die Sache für den Entwurf. Dieser ist keine Codification im alten Sinne, er schreibt kein allgemeines Deutsches Recht auf, sondern setzt dasselbe neu; das bisherige Recht ist nicht einmal Hülfsrecht (Seite 17 der Motive). Der Entwurf hat sich daher nur von Gründen der Zweckmäßigkeit hier wie überall leiten zu lassen. Und lediglich diese

Gründe haben ihn dazu geführt, sich gegen das Gewohnheitsrecht zu erklären.

Es wird zwar zunächst hervorgehoben, daß für die Anfangsstadien eines Rechtslebens das Gewohnheitsrecht eine große Bedeutung habe, auch auf dem Gebiete des öffentlichen Rechts sich jederzeit bethätige, daß aber dasselbe im Privatrecht mit der Erstarkung des staatlichen Gedankens erfahrungsgemäß eine Einbuße erleide, an rechtserzeugender Kraft verliere und in den Hintergrund trete. Es wird ferner hervorgehoben, daß man neuerdings sich der Erkenntniß nicht verschließe, daß das Recht durch seinen Uebergang von dem Gewohnheitsrechte zum Gesetzesrechte einen wesentlichen Fortschritt mache, und daß sich die Ueberzeugung Bahn breche, daß der Staat, wenn er zu einer einheitlichen Gestaltung des Rechtsstoffes schreite, nicht umhin könne, das Gewohnheitsrecht, wenn nicht auszuschließen, so doch zu beschränken (Seite 5). Und es ist auch zuzugeben, daß diese Behauptungen richtig sind. Ich verweise auf § 10, § 11, § 15 meiner Abhandlung, wo das Wesen des Gesetzes, das Wesen der Gewohnheit und der „Vorzug der Rechtsquelle des Gesetzes für die Gegenwart" ganz in diesem Sinne erörtert worden sind. Allein weder die Verkümmerung der Gewohnheit, noch jene Ueberzeugung, noch das Gutachten des fünften Deutschen Juristentags (Seite 6) sind für den Gesetzgeber irgendwie maßgebend gewesen.

Wenn der Entwurf dem Gewohnheitsrecht die Kraft versagt, das Gesetzesrecht aufzuheben, zu ändern oder zu ergänzen, vorbehaltlich besonderer Bestimmungen für gewisse Verhältnisse und unbeschadet der bei der Revision des Handelsgesetzbuchs für den Bereich des Handelsrechts festzustellenden Regel, so gibt er auch sofort seinen Grund selbst an: „die für die getroffene Entscheidung maßgebenden Gründe sind ausschließlich praktischer Natur" (Seite 6). Einzig und ganz allein Zweckmäßigkeitsgründe sind es, welche den Entwurf geleitet haben.

Bedauerlich ist es, daß es sich die Motive nicht haben versagen können, die rechtsphilosophische und die staatsrechtliche Frage hier zu streifen. Das positive Recht hat nicht seinen letzten Grund in der Rechtsvernunft des Volks — ich verweise auf den ersten Theil meiner Abhandlung und die Kritiken über diese von Dahn vertretene Lehre (S. 74 f.) —; ebenso ist es unrichtig, daß

das Gesetz nicht Unerreichbares versucht, denn es kann sein Ziel
n u r erreichen, we n n es auch später der Bildung des Gewohnheits=
rechts des Reichs durch Reichsgesetz zuvorkommt. Die l. 32 D.
de leg. 1, 3 ist ja eben eine von den allgemeinen Rechtswahrheiten,
welche in den Quellen des gemeinen Rechts niedergelegt sind, und
welche ja die Motive sonst nicht preisgeben wollen (S. 17).

4. Mit Recht werden diejenigen Vorzüge in ihrer Fraglichkeit
nachgewiesen, welche für das ab- und derogatorische und das suppletorische Gewohnheitsrecht h e u t noch geltend gemacht werden. Der
Widerstreit, welcher eintritt, wenn das Gesetz den Bedürfnissen nicht
Rechnung trägt, wird „bei dem heutigen Flusse der Legislative" nicht
eintreten. Aber irrig und auf der Ueberschätzung der rohen
M a c h t ruhend wäre die Ansicht, daß das Gewohnheitsrecht ohne
diese Legislative beseitigt werden könnte. Ebenso ist bei dem
ergänzenden Gewohnheitsrecht hervorzuheben, daß auch hier das
immer neue Gesetz dasselbe unnöthig machen wird. Ich habe schon
früher § 14 loc. cit. dieselben Gründe angeführt; die Quelle der
Gewohnheit ist arm geworden und das Recht strömt reich und voll
durch die Quelle des Gesetzes.

Einer besonderen Betrachtung bedarf die Behauptung der Motive, daß in Ermangelung eines gesetzgeberischen Einschreitens die
J u r i s p r u d e n z in ihre Rechte trete; gewiß ist und bleibt sie
auch nach meiner Ansicht die lebendige Macht, welche mit stets verjüngter Kraft die Fülle des Rechts erschließt, aber sie kann und
soll kein J u r i s t e n r e c h t schaffen, wie auch die Motive betonen.
Vor diesem Juristenrechte wird insbesondere die j ü n g e r e Generation unserer Tage zu warnen sein, welche nach meiner Ansicht
beginnt, in den Entscheidungen des Reichsgerichts Juristenrecht zu erblicken! —

Wie nun, wenn künftig Lebensverhältnisse vor das Forum
treten, welche in keinem der in dem Gesetze ausgesprochenen Rechts=
sätze ihre Regelung finden? Die Motive sagen, dann habe der
Richter an der Hand der Gesetzes- oder Rechtsanalogie die Norm
zu suchen, welche auf das nach Wesen und Zweck, nach seiner
inneren Natur richtig gewürdigte Verhältniß in Gemäßheit des
Geistes des positiven Rechts anzuwenden sei. (S. 8.) Das ist
richtig, und sehr zu loben ist der Hinweis auf die Seele unseres

durchaus neuen Rechts: den Zweck. Aber wenn sich dabei neue Lebensverhältnisse wiederholen, ohne daß das Gesetz eintritt, würde doch ein Conflict drohen; dann wäre die sogenannte Rechtsanalogie bald nichts als ein schlecht verschleiertes, neues Gewohnheitsrecht.

5. In der Aufzählung der Gründe, welche gegen die Zulassung des Gewohnheitsrechts sprechen, sind die Motive längst nicht erschöpfend.

Allerdings verbietet zunächst der Zweck des Gesetzbuchs die Aufnahme. Das particuläre Gewohnheitsrecht würde das einheitliche Recht gefährden, und einheitliches Gewohnheitsrecht können wir noch nicht erwarten. Ferner spricht gewiß das Interesse der Rechtssicherheit gegen die Aufnahme des Gewohnheitsrechts, denn das Gewohnheitsrecht ist oft unbestimmt, oft schwer festzustellen, und darum wird es oft in verschiedener Weise vom Richter erkannt (S. 8, 9). Nicht immer! Darum würde dieser Grund die Ausschließung nicht rechtfertigen, wie die Motive meinen, wenn nicht der Zweck einheitlicher Rechtssetzung dazu käme.

Die Wissenschaft ist in der Lage, tiefer, als die Motive, auf jene Gegengründe einzugehen, und ist darauf heut eingegangen, weßhalb die Kürze der Motive hier ganz an der Stelle ist.

Zunächst spricht gegen das Gewohnheitsrecht die Thatsache, daß es verkümmert ist. Für die wissenschaftlichen Gründe verweise ich auf „Recht und Rechtsquelle", Theil I, S. 43—51, sowie S. 181—198. Erwähnt bez. wiederholt sei hier nur, daß z. B. die Analogie für die Gewohnheit undenkbar ist; S. 176 loc. cit. Wie sollte die Gewohnheit in ihrer Beschränktheit für ein Gesetzbuch brauchbar sein, welches der Analogie so viel Raum gewährt? Sie ist etwas Unentwickeltes, Zurückgebliebenes, von der Entwickelung unserer Zeit entschieden Ueberholtes; cf. S. 176 meiner Schrift, wo ich schon damals auf Ihering (Anm. 4) verwiesen habe, auf den jetzt auch die Motive verweisen (S. 8).

6. Die Beseitigung des Gewohnheitsrechts soll keine ausnahmslose sein; es kann bei Verhältnissen des Reichs-Privatrechts sich empfehlen, „einer Gestaltung Raum zu geben, welche auf der aus der unmittelbaren rechtlichen Ueberzeugung der Betheiligten hervorgegangenen Uebung beruht." In diesem Falle sagen die Motive: „dem Gesetze muß es offen stehen, solchenfalls auf das Gewohn-

heitsrecht zu verweisen." Ich sehe darin eine Bestätigung meiner schon im „Kampf des Gesetzes mit der Rechtsgewohnheit" und später wiederholt ausgesprochenen Ansicht, daß das Gesetz für immer die Gewohnheit nicht verbieten kann, wenn es nicht immer neues Recht setzt. Erstarkt die Gewohnheit auf einem Specialgebiete, so muß das Gesetz ihr zur Hülfe kommen, und diese Hülfe kann auch darin bestehen, daß es sein eignes Verbot des Gewohnheitsrechts aufhebt und auf dasselbe „verweist". Der Entwurf konnte eine derartige Verweisung nicht bringen, denn ein einheitliches Deutsches Gewohnheitsrecht gibt es noch nicht und wird es so bald nicht geben; die Verschiedenheit der Stammeseigenthümlichkeiten ist zu groß, um jetzt einheitliches Gewohnheitsrecht in Aussicht zu stellen. Indessen auf dem Gebiete des nivellirenden und vom Stammgefühl abgetrennten Vertragsrecht kann, wie im Handelsrecht, bald ergänzendes Gewohnheitsrecht und damit eine Verweisung auf dasselbe bei Einzelheiten in Sicht treten. Dann sind die landesrechtlichen Vorschriften ausgeschlossen, nur die Wissenschaft entscheidet, welche, wie der Entwurf richtig hervorhebt, die maßgebenden Grundsätze klargestellt hat. Freilich vermag ich den Satz der Motive „die noch bestehenden Meinungsverschiedenheiten sind von untergeordneter praktischer Bedeutung" durchaus nicht zu unterschreiben; ich erinnere nur an die Controversen bei der Lehre vom Einfluß des Irrthums auf das Gewohnheitsrecht; gerade diese Lehre aber ist ungeheuer praktisch! — Das werden mir z. B. die Herren Collegen zugeben, welche in Preußen neuerdings Prozesse über die Patronatspflicht geführt haben.

7. Ueberflüssig ist die Bemerkung der Motive, daß die Gewohnheit im natürlichen Sinne für die Ermittelung des rechtsgeschäftlichen Willens ihre Bedeutung behält; S. 9. Diese Gewohnheit schafft kein objectives Recht, hat mit der Lehre nichts zu thun, und gehört gar nicht an diese Stelle.

8. Die Begriffe der Observanz und des Herkommens sind im Entwurf nicht aufgenommen. Die Motive sagen: Die Vieldeutigkeit und Unbestimmtheit dieser Begriffe und damit zugleich die Nothwendigkeit, sie zu meiden, erhellt, wenn man sich den verschiedenen Sinn vergegenwärtigt, der mit denselben gemeinrechtlich verbunden wird; S. 10.

Es hätte der aber Entwurf ja eben in den Motiven diese Begriffe deuten und bestimmen können, da er nicht herrschendes Recht aufschreibt, sondern neues Recht setzt. Der Grund trifft nicht zu! Da aber das Gewohnheitsrecht nur zugelassen wird, wo das Gesetz darauf verweist, und da Observanz und Herkommen zum Gewohnheitsrecht zählen, also bei einer Verweisung doch mitgetroffen werden würden, werden wir diese Begriffe in dem Gesetzbuch nicht vermissen.

## § 5.
### Das Gesetzesrecht.

Die Grundsätze, nach welchen ein Gesetz zu Stande kommt, gehören auch für die Wissenschaft in das Staatsrecht. Mit Recht ist, nach der principiellen Beseitigung des Gewohnheitsrechts, der Ausdruck Gesetz in der allgemeinen Bedeutung von Rechtsnorm verwendet worden, denn jedes Gesetz muß im letzten Grunde einen Imperativ enthalten; S. 2 der Motive. Binding ist es, der die Normennatur alles Rechts scharf erkannte, und seiner Forschung ist es zuzuschreiben, wenn der Ausdruck: „Norm" jetzt allgemein annehmbar erscheint.

Im Einzelnen ist Folgendes hier zu erörtern:

1. Die Motive beschäftigen sich eingehend mit der Autonomie, sie bezeichnen dieselbe gleich dem Gesetz als einen Factor bewußter Rechtsüberzeugung, eine kleineren Kreisen fließende Rechtsquelle; S. 10. Da der Rechtstrieb nach unserem Wesen stets ein nationaler ist, kann m. E. nur der Staat, oder eine organische Abtheilung des Staats Recht setzen. Nach wie vor bestreite ich den Corporationen das Recht der Autonomie, cf. Recht und Rechtsquellen S. 168. Der Entwurf hat leider keinen Anlaß gefunden, zu der Frage Stellung zu nehmen; S. 94 der Motive. Es war m. E. aber den herrschenden und nicht unpraktischen Controversen gegenüber geboten, hervorzuheben, daß der Wille der Corporation nicht objectives, sondern nur subjectives Recht schaffen kann. Wenn es der Entwurf für selbstverständlich hält, daß die Körperschaften zwingende Vorschriften des bürgerlichen Rechts nicht abzuändern vermögen (Motive S. 94), so ist damit

doch noch nichts über die Natur der **ergänzenden** Normen der Corporationen gesagt.

Dagegen ist bei dem **hohen Adel** und den **mediatisirten Häusern** die Frage nach der Autonomie berechtigt, denn es handelt sich hier um einen **ganz abgeschlossenen** Stand im Staate; Recht und Rechtsquellen S. 168. Die Autonomie der **souveränen** Häuser bleibt bestehen. Die Autonomie der mediatisirten, vormals reichsständischen Häuser wird durch das Einführungsgesetz geregelt. Die Autonomie des **vormals reichsritterlichen Adels** ist insofern gesichert, als die Regelung der **Stammgüter und Familienfideicommisse** nicht in den Bereich der Codification gezogen worden ist; das Landesrecht bleibt hier maßgebend. Ob diesen Familien noch weitere Autonomie zuzugestehen ist, wird das Einführungsgesetz normiren. Es entscheiden auch hier **Zweckmäßigkeitsrücksichten**.

2. Von dem anzuerkennenden Grundsatze ausgehend, daß Herrschaft der Rechtsregel und Gleichheit des Rechts ein Grundprincip der modernen Rechtsordnung sei, tritt das Gesetz den **Privilegien** nicht allzu freundlich entgegen, erkennt indessen deren Zulässigkeit an, und streicht nur die besonderen Normen der privilegirenden Rechtssätze; S. 18. In der That sind diese Sätze zwecklos, denn wenn es z. B. heißt, daß regelwidriges Recht nicht ausgedehnt werden dürfe (l. 14 D. 1, 3), so ist damit nur gesagt, daß es nicht weiter ausgedehnt werden darf, als der Zweck der Bestimmung reicht; und das versteht sich von selbst; cf. Windscheid I. § 29.

Die Privilegien im **subjectiven** Sinne sollen so behandelt werden, wie sie zu behandeln wären, wenn das durch sie ertheilte Recht nicht einem Privilegium seine Entstehung zu verdanken hätte; darum sind für die Privilegienrechte keine besonderen Normen gegeben worden.

Die Controverse, ob ein Privilegium auch durch Gewohnheitsrecht begründet werden könne, ist durch den Ausschluß des Gewohnheitsrechts zunächst beseitigt. Dagegen wird m. E. noch die schwierige Frage zu lösen sein, ob und wie die ihres Privilegiums Beraubten **Entschädigung** zu erhalten haben? Staatsrechtliche Gründe sprechen dafür, sie ihnen nicht zu versagen, und die Billigkeit gehört zu den Elementen des Rechts!

3. Von den verschiedenen Unterscheidungen der Rechtssätze heben die Motive nur den Unterschied zwischen den **zwingenden** und **den nachgiebigen** Rechtssätzen hervor. Den Charakter der Normen nach der einen oder nach der andern Richtung hin zu erkennen, soll dem richtigen Verständniß der Auslegung überlassen bleiben. Nur da wo Zweifel walten können, soll durch Zusätze ꝛc. auf die dispositive Natur derselben hingewiesen werden.

Windscheid charakterisirt die beiden Normenarten wie folgt: „Es gibt Rechtssätze, welche jede Privatwillkür ausschließen: sie kommen zur Anwendung, auch wenn die Personen, für welche sie gegeben sind, erklären, daß sie nicht zur Anwendung kommen sollen; sie zwingen. Andere Rechtssätze lassen es sich gefallen, daß das betreffende Verhältniß durch Privatwillkür anders geordnet werde, und kommen nur dann zur Anwendung, wenn eine Ordnung des Verhältnisses durch Privatwillkür nicht vorliegt;" § 30 I. loc. cit. Es ist aber m. E. mit Bülow (Arch. f. civ. Pr. LXIV S. 1 ff.) anzunehmen, daß auch die normirende Kraft des Privatwillens auf Rechtssatz beruht, und so ist eben der die Privatwillkür anerkennende Rechtssatz auch dispositives Recht, wenn auch **im weiteren Sinne**, wie ich der besseren Trennung wegen hinzufügen möchte. Wegen eben dieser engern Verwandtschaft tritt es auch im Entwurfe nicht immer hervor, ob eine Vorschrift einen dispositiven Rechtssatz oder eine Auslegungsregel enthält; Motive S. 17. Wenn der Entwurf den Ausdruck „im Zweifel" gebraucht, so kann er damit eine mehrdeutige **Willenserklärung** interpretiren, kann aber auch damit da Recht setzen, wo **keine Willenserklärung** existirt. In dem einen Falle handelt es sich um dispositives Recht im weiteren Sinne, in dem andern um solches im engeren Sinne.

Prozessualisch bringt es die Verhandlungsmaxime mit sich, daß das zwingende Recht hier und da nicht zwingen kann. Die Motive deuten an, daß die Verhandlungsmaxime noch weiter beschränkt werden soll; cf. S. 18.

4. Bei einem in so überaus wenig und kurzen Paragraphen sprechenden Gesetzbuch kann es nicht Wunder nehmen, daß die Motive **Auslegung und Analogie** besonders betonen. Sie verweisen wiederum für die **Auslegung** auf Römische Sätze, denen „eine von positivrechtlicher Geltung unabhängige maßgebende Bedeutung zu-

komme." Es ist das aber nur so weit der Fall, als die Römer Gesetze der Logik aussprechen; cf. S. 170 ff. in „Recht und Rechtsquellen". Ich habe an der citirten Stelle früher schon ausgeführt, daß es mißlich ist, allgemeine Rechtsregeln für die logische Interpretation zu geben; der Entwurf hat von jeder Vorschrift Abstand genommen. Schon damals habe ich geschrieben und wiederhole es: Für den Sinn des Gesetzes ist das maßgebende Element der Zweck. Und dieser äußert sich im Grundprincip der Norm; loc. cit. S. 171. Es ist nicht genug, daß wir die Normen erfassen, wir müssen bis auf die noch hinter den Normen liegenden Grundprincipien zurückgehen. „Das Grundprincip ist das immanente Willensprincip im positivem Recht, welches selbständig weiterwirkt und sich weiterbildet, weil die Gesetze von denkenden Menschen gegeben sind und mithin durchdachte Zwecke enthalten, die von der Mitwelt und Nachwelt denkend erfaßt werden;" Recht und Rechtsquellen S. 171. Am schärfsten treten die Grundprincipe in den positiven Instituten hervor, während sie im Vertragsrecht durch den Vertragswillen mehr verdeckt werden. Hier ist auch die Betonung des Zwecks so wesentlich, daß wir uns nur Glück wünschen können, daß die positiven Institute, z. B. die Geschäftsführung ohne Auftrag, jetzt einheitlich durch das Gesetz geregelt werden, welches das Grundprincip richtig erfaßt und aus ihm construirt, während das Gewohnheitsrecht hier oft im Dunkeln tappt: cf. S. 191 bis 197 in „Recht und Rechtsquellen". Jedes Gesetz, jede Norm wird von einem Grundprincipe mitbeseelt, und darum ist es selbstverständlich, daß eine Norm, obwohl sie Ausnahmen nicht vorbehält, außer Anwendung bleiben muß, sofern aus einer andern Rechtsnorm für den in dieser geregelten Fall ihre Unanwendbarkeit folgt; S. 16 der Motive.

Die Legalinterpretation wird in dem Entwurfe nicht erwähnt. Mit Recht, denn wenn der Gesetzgeber als Interpret auftritt, so setzt er einfach neues Recht, dem man nur einen andern Namen gegeben hat; cf. S. 170 in „Recht und Rechtsquellen" und S. 16 der Motive.

Was die Analogie betrifft, so sagen die Motive: „Das Gesetzbuch muß im Bedürfnißfalle aus sich selbst, aus dem in ihm enthaltenen Rechtssysteme ergänzt werden. Es enthält nicht eine todte

Masse neben einander gestellter Rechtssätze, sondern ein organisches Gefüge innerlich zusammenhängender Normen. Die ihnen zu Grunde liegenden Principien tragen den Keim weiteren Ausbaues in sich." Dem kann ich von meinem in „Recht und Rechtsquellen" vertretenen Standpunkte aus nur zustimmen, ist doch das von mir gebrauchte Wort Grundprincip, der Zweckgedanke hinter den Normen, hier wörtlich angewendet worden. Und darum ist es auch ungefährlich, wenn die Motive bildlich das Wort „organisch" brauchen; die Rechtswelt ist nicht organisch, denn sie ist bewußte Welt des Zwecks; organisch ist das Unbewußte, in das wir freilich eben um des Organismus willen den Zweckgedanken hineintragen. Die Analogie construirt im Grunde nicht aus einem Organismus, sondern aus dem Zweck heraus, und zwar entweder aus dem Zweck des ähnlichen Gesetzes, Gesetzesanalogie, oder aus dem Zweck größerer Rechtseinheiten, Rechtsanalogie. Daß bei einer solchen Auffassung für das Naturrecht kein Raum ist, braucht nicht erwähnt zu werden; das geltende, territorial verschiedene Recht ist natürlich ebenfalls kein Hülfsrecht; cf. S. 16 der Motive. Dagegen ist „der reiche Schatz von allgemeinen Rechtswahrheiten, welcher in den Quellen des gemeinen Rechts niedergelegt ist, keineswegs preisgegeben." Mit diesem Satze kann ich mich trotz des zu erwartenden Widerspruchs nicht einverstanden erklären. Wenn die territorial verschiedenen Rechte nicht als Hülfsrechte dienen sollen, warum sollen die Normen des gemeinen Rechts, das doch auch nur territorial gilt, als Hülfsrecht gelten? Und so scheint es doch gemeint zu sein, denn die Motive sprechen hier nicht mehr von logischen Wahrheiten, sondern von Rechtswahrheiten. Solche kann es aber nur historisch geben, denn das Recht gilt entweder historisch und ist darum wahr, oder es ist nicht historisch, und dann kann es nur etwa darum wahr sein, weil es nebenbei eine allgemeine logische Wahrheit ausspricht. In jedem andern Falle sind trotz der Motive die Rechtswahrheiten des Römischen Rechts „preisgegeben", und sind wir nicht etwa zur Ergänzung unseres Gesetzbuchs auf die ewig fortwuchernden Controversen des gemeinen Rechts und deren akademische Lösungen verwiesen. Dieses Recht soll unsere jungen Juristen zu modernen Juristen erziehen, nimmermehr aber soll es an Stelle der Analogie allgemein unser modernes Recht ergänzen. Dagegen wäre energisch zu protestiren, da hiervon im Gesetzestext kein Wort steht! — — Dagegen bleibt ganz gewiß dem bisherigen Rechte insofern die Bedeutung, als dasselbe bezüglich der ihm entnommenen Rechtssätze ein Hülfsmittel historisch-systematischer Auslegung bildet; cf. Motive S. 17. Dieser Satz braucht nicht normirt zu sein, er ist im historischen Wesen alles Rechts enthalten.

Die Berücksichtigung der Natur der Sache ist von den Motiven nicht ausgeschlossen. Sie fügen aber eine Warnung bei: „Die Entscheidung darf nicht aus Momenten genommen werden, welche außerhalb des positiven Rechts liegen; die factische Natur des betreffenden Verhältnisses muß ergründet und letzteres derjenigen Norm unterstellt werden, welche sich aus den allgemeinen, dem positiven Rechte zu Grunde liegenden Principien und der in ihrer Eigenart erkannten thatsächlichen Gestaltung mit logischer Consequenz ergibt." Damit ist aber die herrschende Lehre von der Natur der Sache beseitigt, denn diese fand in ihr eine Rechtsquelle; Seite 58 f. meiner Abhandlung „Recht und Rechtsquellen" habe ich nachgewiesen, daß es keine objective Natur der Sache gibt, an ihre Stelle haben wir das Zweckgesetz zu setzen; dieses scheinen auch die Motive mit den Worten „die dem positiven Rechte zu Grunde liegenden Principien" anzudeuten; S. 17 der Motive.

Was den von den Motiven gebrauchten Ausdruck „Rechtsanalogie" betrifft, so enthält er eine Analogie im uneigentlichen Sinne. Analogie ist Parallel-Consequenz; cf. Recht und Rechtsquellen S. 173. Dem gesammten Rechte kann nun keine einzelne Norm parallel gestellt werden. Darum habe ich mich auch nicht der Definition der Motive bedient. Die einzelnen Institute enthalten Grundprincipe, und von diesen Zweckgedanken aus ist jede Norm zu finden; von Lücken kann keine Rede sein; cf. Seite 175 loc. cit. Die „aus dem Geiste der Rechtsordnung sich ergebenden Grundsätze", von denen der § 1 unseres Gesetzbuchs spricht, können daher m. E. auch nur die Grundprincipien des verwandten, speciellen Rechtsinstituts sein. Der „Geist des bestehenden Rechts", den Wächter verwerthet, ist ein Wort, das in der Praxis ein leeres Wort bleibt, zumal der Geist des gegenwärtigen, territorialen gemeinen Rechts nicht der das Gesetzbuch beherrschende ist; von dem Gesammtzweck aus läßt sich ferner nicht auf die Einzelzwecke schließen. Windscheid geht nicht vom Rechtsganzen aus, sondern überträgt aus den einzelnen Rechtssätzen die in diesen sich darstellende specifische Art und Weise der Rechtsauffassung auf das einer rechtlichen Normirung bedürftige Verhältniß. Ich verweise auf „Recht und Rechtsquellen" Seite 174 und 175.

5. Ueber die Aufhebung der Rechtsnormen gibt der Entwurf keine Vorschriften. Er verweist die Frage, inwiefern Gesetze in Folge eingetretener Aenderung der Umstände ihre Geltung verlieren, in das Kapitel der Auslegung. Da das Gesetzbuch lediglich der Zweckgedanke beherrscht, so gilt die Regel: cessante ratione cessat lex ipsa, da ferner die Grundprincipien der Normen verschiedene sein können, gilt je nach den Umständen der Satz: lex posterior generalis non derogat legi priori speciali; cf. Motive Seite 14.

6. Die Stellung des Entwurfs und der Motive zu der Lehre von der zeitlichen Herrschaft der Rechtsnormen ist in ihrem rein negativen Resultat m. E. nicht haltbar. Wegen der Schwierigkeit, die Lehre durch eine allgemeine Norm zu regeln, sieht der Entwurf von der Aufstellung einer Vorschrift allgemeiner Natur ab. Im Widerspruch hierzu ist in Aussicht genommen, das Verhältniß des bürgerlichen Gesetzbuchs zu den zur Zeit des Inkrafttretens desselben bestehenden Rechtsverhältnissen in den wichtigsten Beziehungen durch Uebergangsbestimmungen im Einführungsgesetze klarzustellen. Durch eine genügende Vorsorge in dieser Richtung sollen sich in der Hauptsache auch die Bedenken erledigen, welche an die im Entwurfe beobachtete Zurückhaltung geknüpft werden können; S. 23 der Motive. Mit nichten! Diese Bedenken könnten nur dann schwinden, wenn es gewiß wäre, daß jedes neue Gesetz Normen über die Zeit seiner Wirkung enthalten werde. Diese Gewißheit fehlt. Ja die Motive meinen, daß die Auslegung stets helfen könne, und begründen das mit einem durchaus dunklen Satze: jeder Rechtssatz birgt zugleich eine Norm über die zeitlichen Grenzen der demselben zukommenden Wirksamkeit in sich. Erklärlich wäre der Satz nur, wenn etwa gemeint wäre, daß im Grundprincip hinter der Norm, im Zweck, jene andere Norm gegeben wäre, also sich „verberge". Allein dem ist nicht so, denn die Lösung durch

den Zweck, wie sie das Sächsische Gesetzbuch enthält, ist **abgewiesen**; cf. S. 22 der Motive. Und doch kommen die Motive, wie natürlich, von den Grundprincipien hier nicht los! Das Grundprincip jedes Rechts ist es, Gegenwart und Zukunft zu regeln, denn das Gesetz ist **Wille**. Ein ferneres Grundprincip alles Rechts ist die **Stabilität**, auf welcher die Rechtssicherheit beruht. **Darum** soll nach den Motiven Rückwirkung im eigentlichen Sinne nur anzunehmen sein, wenn das Gesetz sie in bestimmter Weise gebietet; Seite 21 der Motive. Auch von der uneigentlichen Rückwirkung wird gesagt, daß sie nicht dem regelmäßigen Gang der Dinge entspreche, und daß es daher „besonderer Gründe" bedürfe, um die Annahme zu rechtfertigen, daß der Gesetzeswille auf sie gerichtet sei. Allein diese Gründe: politische, sociale, wirthschaftliche, ethische Rücksichten (S. 22), können m. E. **nicht** berücksichtigt werden, wenn das Gesetz nicht auf sie **verweist**.

**Ich schlage daher als § 2 die Norm vor:** „Gesetze haben keine rückwirkende Kraft, wenn nicht etwas Anderes bestimmt oder nach dem Zwecke des Gesetzes anzunehmen ist."

Andernfalls bleibt eine schlimme Lücke im Gesetz. Zu entscheiden ist dann auch die Frage, ob Gesetze, welche sich rückwirkende Kraft beilegen, solche Fälle ergreifen, die durch rechtskräftiges Urtheil, gütliche Uebereinkunft oder Erfüllung vollständig erledigt sind? Es wird wiederum aus dem Grundprincip alles Rechts, welches dem **Gesetz der Stabilität** folgt, zu entnehmen und zu normiren sein, daß diese Fälle **erledigt bleiben**. Der Rechtsgewißheit halber wäre dies unserer Norm als Nachsatz zuzufügen.

7. Auch über die Fälle der **authentischen Interpretation** ist eine Bestimmung nicht aufgenommen. Legt ein neues Gesetz ein altes aus, so kann es **neues Recht** schaffen; es kann aber auch zugleich bestimmen, es solle angenommen werden, daß das neue Recht schon in dem ausgelegten Rechtssatze enthalten gewesen sei. Dann wirkt die Norm auch für die **Vergangenheit**. Allein ein solches Gesetz handelt dem Grundprincip des Rechts **zuwider**, es gilt kraft seiner **Macht**, aber es ist **unbillig**; cf. Windscheid I. § 33 Anm. 4 und die dort citirten Autoren.

Die Motive sprechen an dieser Stelle den Rechtssatz aus: „Greift ein Gesetz in ein bestehendes Rechtsverhältniß ein, so sind die davon Betroffenen der Regel nach zu einem Entschädigungs-anspruche gegen den Staat nicht berechtigt. Ein solcher Anspruch ist nur begründet, wenn eine Gesetzesvorschrift ihn bewilligt." Das ist richtig und folgt aus dem Schweigen des Entwurfs. Gleichwohl erkennen die Motive an, daß die Meinungen hierüber in der gemeinrechtlichen Wissenschaft nicht ungetheilt sind, und citiren die Entscheidung des Reichsgerichts im 12. Bande Seite 3, wonach nach gemeinem Recht ein Anspruch gegen den Staat auf volle Entschädigung stattfindet. Ich würde durch eine besondere Norm den Anspruch zulassen, soweit er nicht durch das Gesetz besonders ausgeschlossen ist. Das verlangt das Zweckgesetz, hier die Billigkeit. Ich verweise auf "Recht und Rechtsquellen" Seite 54, wo mit Leist die Aequität zu den Rechtsstoffen gezählt ist; es ist nochmals hervorzuheben, daß sie gerade der Gesetzgeber anzuordnen hat, der Richter gehorcht nur dem Gesetz. Die Schwierigkeiten der Normirung können die aequitas nicht ausschließen; schlimm genug, daß sie im Strafrecht für die unschuldig Verurtheilten nicht gehört wird. Es würde dann weiter zu normiren sein, daß das Reich diese Entschädigung zu gewähren hätte, falls die neuen Gesetze vom Reiche ausgehen. Das Reichsgericht mußte in dem citirten Urtheil S. 3 den Einzelstaat als Verpflichteten ansehen, weil kein anderes verpflichtetes Subject bezeichnet war.

8. Die Lehre von den Staatsverträgen gehört nicht in den Entwurf. Sie ist m. E. aber auch von den Motiven nicht unter der Lehre von der Entstehung der Rechtsnormen zwischen Gesetz und Gewohnheitsrecht zu erwähnen. Die imperativische Rechtsnorm hat stets eine nationale Natur; cf. "Recht und Rechtsquellen" S. 16. Die Staatsverträge sind keine Quellen nationalen Rechts, und darum nach meiner Theorie keine Rechtsquellen.

## § 6.
### Der Begriff des Rechts.

Nach dieser Kritik des ersten Abschnittes der Motiv bleibt noch die Frage zu beantworten, ob derselbe eine Definition des Rechts selbst enthält? Das ist nicht der Fall, ja es ist nicht einmal der

Begriff des bürgerlichen Rechts normirt, weil das Grenzgebiet mit anderen Rechten nur durch genaue Prüfung der einzelnen Materien zu ermitteln ist. Mit ebenso großem Rechte ist selbst in den Motiven von einer Definition des Rechts abgesehen. Diese gehört der **Rechtsphilosophie** an, die freilich von den jüngeren Juristen nur zu sehr vernachlässigt wird, was um so gefährlicher ist, als z. B. Dernburg noch heute in seinen Pandekten den m. E. überwundenen Satz aufstellt: Recht im objectiven Sinne ist **der allgemeine Wille**, und auf die überwundene Rechtsphilosophie Hegels verweist. Es wäre darum auch besser gewesen, die Motive hätten das Wort „Gemeinwille" (S. 22) vermieden, wenn auch hier wohl doch nicht der monströse und undenkbare allgemeine Wille Hegels gemeint ist. Ein Operiren mit dem Hegelschen allgemeinen Willen läßt den Jünger des Rechts über das Wesen des Rechts und über die Factoren der Gesetzgebung **ganz im Dunkeln**. Mein Buch „Recht und Rechtsquellen" war ein Protest gegen die noch immer wiederholten Hegelschen Sätze, und ich habe den Muth, **diesen Protest noch zu verschärfen**. Das Recht ruht, wie dort gezeigt ist, auf dem Rechtstrieb, dem sittlichen Geselligkeitstrieb des Menschen; dieser **allein** ist bei allen Völkern derselbe; das Gewissen, der kategorische Imperativ Kants, regt sich bei wilden Völkerschaften nicht, wenn sie Mord oder Blutschande begehen, es wird in der Geschichte. — Aber der Rechtstrieb regt sich bei **jedem Volke**, wenn sein Recht verletzt wird.

Der Rechtstrieb ist das einzig Gewisse in uns, was wir **beweisen** können, und von ihm aus ist m. E. die **gesammte Philosophie** aufzubauen, wenn sie die Gegenwart beherrschen will, wie es ihr zukommt.

Ueber das **Wesen** des neuen Rechts sagen die Motive, daß es kein **Naturrecht** sei (S. 16), daß es nicht das geltende, territorial verschiedene Recht oder eines dieser Rechte mit der Geltung eines Hülfsrechts sei. Auch das gemeine Recht soll nur um der allgemeinen Rechtswahrheiten willen Bedeutung haben.

**Das neue Recht ist somit kein gemeines Deutsches Recht, sondern es schafft erst aus sich selbst ein gemeines Deutsches Recht.** Deutsch muß dieses Recht sein, weil die imperativische Rechtsnorm, wie ich früher bewiesen habe, stets eine nationale sein muß. Der sittliche Geselligkeitstrieb, der Normengeber und Normengehorcher im Menschen, verlangte und gibt nach der nationalen Einigung das neue Recht. Er treibt auch an, ihm zu gehorchen. Da aber, wohl zum ersten Male in der ganzen Welt, eine Menge particularer Rechte mit einem Schlage beseitigt wird, und an deren Stelle ein ganz neues, zusammenhangloses, nicht streng historisches einheitliches Recht aus reinen Zweckmäßigkeitsgründen geschaffen wird, so muß uns zur Haltung dieses Rechts vor Allem das Pflichtgefühl treiben, welches den Zweck, mit der Einheit des Rechts die Einheit Deutschlands zu stärken, erkennt und durch den Gehorsam ehrt. Dann wird die Resignation, mit der wir, Rechtsgelehrte und Laien, und nicht zum wenigsten wir Preußen, von unserem angestammten, alterprobten Rechte scheiden müssen, sich belohnen durch die Schaffung eines neuen, lebendigen und vor Allem volksthümlichen Reichsrechts. Das wollen wir von ganzem, deutschem Herzen hoffen! —

## II.
# Die Geschäftsführung ohne Auftrag.

### § 1.
#### Einleitung.

Die an Controversen reiche Lehre von der Geschäftsführung ohne Auftrag ist von mir zuerst in der Schrift „Das negotium utiliter gestum" (Böhlau 1878), dann in der Streitschrift „Das Grundprincip der negotiorum gestio" (Puttkammer und Mühlbrecht 1882) behandelt worden, und zwar beide Male hauptsächlich unter dem Gesichtspunkte de lege ferenda. Die Streitschrift wandte sich gegen Ruhstrat, welcher von seinem objectiven Standpunkte aus meinen subjectiven gerade de lege ferenda angegriffen hatte. Jetzt sind nun die Motive zu dem Entwurfe für das Deutsche Gesetzbuch von dem subjectiven Standpunkte bei dieser Lehre ausgegangen, haben aber im Einzelnen manche andere Gesichtspunkte, als die von mir vertretenen, aufgestellt, so daß trotz jener Uebereinstimmung im Grundprincip eine nochmalige Prüfung meiner Normen im Vergleich mit den neuen geboten erscheint.

Um aber dem Leser den Ueberblick über die Ausgangspunkte meiner Kritik zu erleichtern, der durch Citate erschwert werden würde, will ich kurz mein Grundprincip der negotiorum gestio klarlegen, so wie es meine beiden Schriften vertreten.

Die Hauptgrundlage der von vornherein giltigen actio negotiorum gestorum contraria ist das Interesse sämmtlicher abwesender und verhinderter Geschäftsherrn; § 1 J. 3, 27; l. 1 Dig. 3, 5.

Die „utilitas absentium" hat das Institut geschaffen. Aber daneben schützen die Römer die Willensfreiheit des einzelnen dominus insoweit, als sie verlangen, daß der gestor unter Berücksichtigung aller äußeren, erkennbaren Umstände so handle, wie diesen Umständen nach vermuthlich der Herr gehandelt haben würde. Die utilitas absentis verlangt diese Beschränkung. Wird diese aber eingehalten, so liegt ein negotium utiliter gestum vor, und zwar von vornherein, ohne Rücksicht auf den Erfolg, weil ja nicht nur der absens, sondern alle absentes von dem Institute Nutzen haben sollen; denn es würde ja kein Geschäftsführer eintreten, wenn er es auf den Erfolg ankommen lassen müßte, den er nicht in der Gewalt hat; „ut enim eventum non spectemus, debet utiliter esse coeptum". (L. 10 D. 3, 5.)

Ich habe nun bereits in meiner ersten Schrift die Bedeutung des negotium utiliter gestum für die Reichsgesetzgebung geprüft (S. 142—152), und auch für unsere Zeit die Behauptung aufgestellt: Die wirklich realen Grundstoffe des negotium utiliter gestum bestehen in der utilitas absentium und der utilitas absentis, in dem organischen Zusammenwirken des Gesammtinteresses neben dem Einzelinteresse, in der echt-rechtlichen Lösung der Collision zwischen einem Momente der gesellschaftlichen Nothwendigkeit und einem Momente der individuellen Freiheit.

Das Hauptfundament ist auch heute noch die utilitas absentium (hoc edictum necessarium est, quoniam magna utilitas absentium versatur etc.). Diese utilitas absentium ist noch heute vorhanden, wenn auch nicht in dem Umfange wie im alten Rom; wir haben nämlich andere Verkehrsmittel und haben daneben das Institut der Abwesenheitscuratel. Aber damit sind die Verhinderungsfälle nicht ausgeschlossen, und auch heute noch würde das Interesse aller Verhinderter nicht geschützt sein, wenn nicht der Gestor schon für sein Eintreten einen Ersatz hoffen dürfte, der nicht vom Erfolge abhängt (negotium utiliter coeptum).

Aber auch die utilitas absentis muß heute noch in den Normen scharf zum Ausdruck kommen. Es ist keine Kleinigkeit, in Jedem unter Umständen einen gestor anerkennen zu müssen, der uns verpflichten kann, selbst wenn er nichts erreicht. Dieser Gefahr würden wir aber bei der Theorie der objectiven Nothwendigkeit entgegenlaufen, denn diese kann sich Jeder construiren (cf. S. 149 meines „neg. utiliter gestum"). Die Willensfreiheit des Einzelnen kann verlangen, daß sich Niemand einmischt: culpa est immiscere se rei ad se non pertinenti; die utilitas absentium verlangt aber ein Eingreifen überhaupt, darum wird der Freiheit des Einzelnen insofern gegen die Nützlichkeitsansichten fremder Menschen ein Schutz gewährt, als der Gestor aus den äußeren Umständen den Schluß ziehen muß, daß der Herr so und so handeln würde, wenn er von vornherein auch ohne Erfolg eine Klage haben will. Andernfalls hat er nur einen Anspruch, wenn der Herr seine Besorgung genehmigt oder soweit der Herr bereichert worden ist.

Der Umstand, daß Ruhstrat von seinem objectiven Standpunkt aus meine neue Lehre angriff, veranlaßte mich, im „Grundprincip der negotiorum gestio" einmal gerade an Fällen des täglichen Lebens die Richtigkeit meines Standpunkts zu erproben, dann aber auch den Versuch zu machen, für das künftige Gesetzbuch die Lehre in zwölf Normen zusammenzufassen. Da ich bei der Kritik der Normen des Entwurfs stets auf die von mir aufgestellten Normen verweisen muß, so sollen diese gleich an dieser Stelle folgen. Ich kann dabei nicht unterlassen, andere Kritiker des Entwurfs darauf hinzuweisen, daß m. E. eine Kritik erst dann recht **fruchtbar** werden kann, wenn sie nicht nur den Entwurf angreift, sondern sich müht, die Norm aufzustellen, welche sie für die rechte hält, und zwar nicht allgemein, sondern in Gesetzesform. Aber freilich — negiren ist leicht, positives Schaffen ist sehr schwer.

## Das positive Institut der Geschäftsführung ohne Auftrag.

§ 1. Wer freiwillig fremde Angelegenheiten besorgt, wie er aus den äußeren, im Geschäftskreise des Herrn vorliegenden und erkennbaren Umständen billigerweise schließen mußte, daß sie der Herr besorgt haben würde, wenn er nicht verhindert gewesen wäre, hat Anspruch auf vollen Ersatz, sobald er die Angelegenheit unternommen hat, selbst wenn er deren Besorgung nicht zu Stande bringt.

§ 2. Andernfalls steht ihm nur ein Anspruch zu, wenn der

Herr seine Besorgung genehmigt oder soweit der Herr durch dieselbe bereichert worden ist.

§ 3. Der Geschäftsführer hat die Sorgfalt eines guten Hausvaters anzuwenden.

§ 4. Hat der Geschäftsführer eine dem Herrn obliegende, auf öffentlichem Interesse beruhende oder auf Pietätsrücksichten gegründete Verpflichtung in angemessener Weise für denselben erfüllt, so ist er selbst dann zur Ersatzforderung berechtigt, wenn der Geschäftsherr ihm zu handeln verboten hat (actio funeraria utilis).

§ 5. Ascendenten und Descendenten, Geschwister und Ehegatten, welche einander alimentiren, haben die Vermuthung gegen sich, daß sie nicht als Geschäftsführer, sondern in der Absicht zu schenken handeln.

§ 6. Handlungsunfähige Geschäftsherrn sind nur insoweit zum Ersatz verpflichtet, als sie bereichert sind.

§ 7. Bei längerer Abwesenheit oder Verhinderung des Geschäftsherrn haben Ascendenten, Descendenten, Geschwister und Ehegatten, falls kein gestor eintritt und die Geschäfte eine umsichtige Verwaltung erfordern, die Pflicht, auf Bestellung eines Abwesenheitsvormundes anzutragen.

§ 8. Der Geschäftsführer hat über die geführte Verwaltung Rechnung zu legen und muß Alles, was in Folge der Verwaltung an ihn gekommen ist, dem Herrn überlassen und für jeden durch Verletzung seiner Pflicht entstandenen Schaden vollen Ersatz leisten.

§ 9. Der Geschäftsherr muß dem Geschäftsführer alle Auslagen und Aufopferungen erstatten, und ihn von allen Verbindlichkeiten befreien.

§ 10. Wenn ohne die Dazwischenkunft des Geschäftsführers für den Herrn Alles verloren gewesen wäre, so haftet der erstere nur wegen grober Nachlässigkeit.

§ 11. Handelt der Geschäftsführer nicht mit dem Willen, den Herrn zum Ersatz zu verpflichten, sondern in der Absicht zu schenken oder um eine auch nur natürliche Verbindlichkeit zu erfüllen, so fällt der Anspruch weg.

§ 12. Wenn ein Theilhaber in Betreff des gemeinschaftlichen Gegenstandes eine Handlung vornimmt, so gelten die Rechtssätze

von der Gemeinschaft. Handelt er aber zugleich für den Antheil
des Genossen, so gelten die obigen Bestimmungen.

Die sich hieran schließende Kritik darf sich nun wohl bei Ein-
zelnem auf meine früheren Ausführungen beziehen, nachdem im
Vorstehenden die Grundzüge wiederholt worden sind.

## § 2.
### Die Stellung im System.

Wünschenswerth wäre von meinem früheren Standpunkte aus
folgende Eintheilung des speciellen Theiles gewesen: 1. Sachenrecht,
2. Vertragsrecht, 3. positive Institute, 4. Familienrecht, 5. Erbrecht. Unter die vom Vertragsrecht scharf abgegrenzten positiven
Institute wäre dann die negotiorum gestio zu stellen gewesen.
Brandis hat neuerdings in der Kritischen Vierteljahrsschrift (1888,
Heft 2) meine Kritik der Quasiverträge scharf und zum Theil recht
treffend genannt. Nur meine ich, er verkennt den Werth des Streites
in Etwas, denn noch neuere Autoren construiren positive Institute
durch Fictionen aus dem Vertrag und dem Delict.

Der Entwurf systematisirt den speciellen Theil wie folgt: 1. Recht
der Schuldverhältnisse, 2. Sachenrecht, 3. Familienrecht, 4. Erbrecht.
Er erreicht durch den allgemeinen Ausdruck: Schuldverhältnisse, daß
er Vertragsrecht und positive Institute in eine Klasse stellen kann.
Aber auf der anderen Seite kommt er bei der Aufreihung dieser
Institute zu keiner festen Systematisirung, denn er stellt sie unter
den Abschnitt „Einzelne Schuldverhältnisse aus anderen Gründen".
Demnach dürfen sie sich nicht gründen auf Rechtsgeschäfte unter
Lebenden, oder auf Delicte. Wenn hiermit aber mit dem Quasicontract und dem Quasidelict auf immer gebrochen wird, so sehe ich
nicht ein, warum man eine Klasse von Schuldverhältnissen nur
negativ abgrenzt und sie nicht mit einem gemeinsamen Titel belegt,
denn das Römische Gebilde: obligationes ex variis causarum figuris
erscheint mir nicht annehmbar.

Zu diesen „einzelnen Schuldverhältnissen aus anderen Gründen"
zählt nun der Entwurf 1. die Bereicherung, 2. die Geschäftsführung

ohne Auftrag, 3. die Gemeinschaft, 4. die Vorlegung und Offenbarung. Unter den von mir Seite 46, 47 des Grundprincips der negotiorum gestio aufgezählten positiven Instituten finden sich die im Entwurf genannten unter 1, 2, 6, 10 sämmtlich wieder. Die engere Begrenzung des Entwurfs ergibt sich aus seiner abweichenden Systematisirung. In der Hauptsache aber trifft der Entwurf mit meiner früheren Polemik zusammen: er trennt die negotiorum gestio scharf vom Vertrag und kennt keine Quasi-Verträge.

### § 3.
#### Das negotium utiliter coeptum.

Der § 753 des Entwurfs bestimmt: „Wenn und soweit der Geschäftsführer dergestalt gehandelt hat, daß anzunehmen ist, es würde sein Verhalten von dem Geschäftsherrn bei Kenntniß der wirklichen Sachlage gebilligt worden sein, so hat der Geschäftsführer wie ein Beauftragter des Geschäftsherrn gegen diesen einen Anspruch auf Ersatz seiner Aufwendungen und auf Befreiung von eingegangenen Verbindlichkeiten, auch wenn der durch die Geschäftsführung beabsichtigte Erfolg nicht eingetreten ist. — Es wird vermuthet, daß der Geschäftsherr gebilligt haben würde, was ein ordentlicher Hausvater hätte für angemessen erachten müssen."

Ich finde nach abermaliger Prüfung meiner beiden Schriften nicht den geringsten Anlaß dazu, von der in § 1 von mir normirten Gesetzesstelle abzuweichen. Meine Definition hat, soweit sie den ersten Absatz betrifft, m. E. den Vorzug, daß sie die Umstände betont, welche den Schluß des Gestors hervorrufen; es sind das nur die äußeren, erkennbaren Umstände; die „wirkliche Sachlage" ist diesen gegenüber m. E. ein zu vager Begriff. Dann betone ich, daß jener Schluß unter billigem Ermessen steht, weil eine zu strenge Auslegung hier die Gestoren abhalten könnte, einzugreifen. Endlich sind m. E. die Worte: „wie ein Beauftragter des Geschäftsherrn" zu streichen, denn sie deuten auf die falsche Lehre vom Quasicontract hin oder sind überflüssig.

Den zweiten Absatz des § 753 halte ich für falsch. Diese Vermuthung ist unzulässig; der Herr muß verlangen können, daß er nach seinem Haushalte und nicht nach einem Durchschnittsmaßstabe

bemessen wird, wenn er um der utilitas absentium willen das
Risico einer erfolglosen Geschäftsführung tragen soll; das fordert
die persönliche Freiheit.

Die Begründung meiner Ansicht brauche ich hier nicht zu
wiederholen, nur sollen die Motive des § 753 geprüft werden.
Irrig ist dort gesagt, daß das principiell streng verfolgte subjective Princip, das ich seinerzeit am schärfsten vertreten habe, durch
die Beifügung des Absatzes 2 noch mehr hervortrete; denn dieser
Absatz folgt dem objectiven Principe. Der 2. Absatz ist um so
mehr zu beklagen, als Seite 862 so treffend hervorgehoben wird:
„Es bleibt immer eine ernste Sache, sich unberufen in die Geschäfte
eines Andern zu mischen. Wer sich dazu versteht, mag sich vorsehen
und alle Eventualitäten berechnen. Der Gesetzgeber hat erfahrungs-
mäßig keinen Anlaß, zu Einmischungen in fremde Geschäft zu er-
muntern." Es findet auch der zweite Absatz mit seiner objectiven
Tendenz in den Motiven keine genügende Rechtfertigung. Denn
„frivole" Behauptungen des Geschäftsherrn sind unbeachtlich, soweit
sie sich auf unerkennbare Umstände beziehen, und der Einwand,
daß „gegen die guten Sitten oder die öffentliche Ordnung" die
Billigung versagt worden wäre, fällt fort, wenn der von mir normirte § 3 Aufnahme findet.

Wenn die Motive meinen, es fehle an einem Grunde, die
Rechtsstellung des negotiorum gestor anders zu normiren, als
die des Beauftragten, so finde ich diesen Grund in dem dadurch
für die Theorie von Neuem gebahnten Abwege zum Quasicontract.
Ich habe darum die Rechtsfolgen bei diesem Institut ohne Verweisung auf das Mandat selbständig normirt.

## § 4.
### Die Ansprüche außerhalb des negotium utiliter gestum.

Wo das negotium utiliter gestum fehlt, fehlt das Grundprincip der negotiorum gestio; der Herr muß nicht der utilitas
absentium wegen zahlen, wenn er auch keinen Erfolg sein nennt,
wenn er auch im Innern die Geschäftsführung nicht wollte, sondern er haftet nur, wenn er bereichert ist, oder genehmigte;
cf. meinen zweiten Paragraphen. Der Entwurf sagt im Wesentlichen

dasselbe in § 758. Die Motive weichen Seite 866 von meiner Ansicht (Seite 77 des neg. ut. gest.) darin ab, daß sie den Fall, wo der animus aliena negotia gerendi fehlt, hier ausschließen; ich habe zugegeben, daß derselbe „eigentlich in das Condictionenrecht gehört" (loc. cit.).

Ueber die Genehmigung sagen die Motive, daß dadurch der dominus auch das Recht verliert, mittels der actio neg. gest. directa eine Pflichtversäumniß des Geschäftsführers zu rügen. Wie weit die Genehmigung sonst reiche, sei Thatfrage. Soweit sie sich aber erstrecke, gründe sie sich auf den Willen des Herrn, soweit sie nicht reiche, bleibe condictio ob rem übrig. Sie könne ferner auch stillschweigend gegeben werden. Das Verhältniß zu Dritten gehöre nicht an diese Stelle.

Ich habe im neg. ut. gest. die Genehmigung weitläufiger Seite 67 bis 76 erörtert, aber das Verhältniß zu Dritten ebenfalls ausgeschieden, Seite 68 Anm. 1. Die Motive weisen Seite 868 die Construction aus dem Mandat ab, ich verweise auf Seite 72 meiner Abhandlung: nam utique mandatum non est. Die in den Motiven mit Recht stark betonte Uebermacht der Genehmigung über die Klage aus dem negotium utiliter gestum findet in Anm. 1 Seite 76 loc. cit. weitere Begründung.

## § 5.
### Das Princip der actio funeraria.

Wenn der negotiorum gestor die im öffentlichen Interesse gebotene Erfüllung einer dem dominus obliegenden Verbindlichkeit bewirkt, die sonst nicht erfüllt worden wäre, oder für den dominus einer gesetzlichen Unterhaltungspflicht genügt, so soll er nach § 755 den Anspruch auch dann haben, wenn er gegen ein Verbot des dominus handelte. Ich habe diese actio funeraria utilis in § 3 ähnlich normirt; die Motive betonen die „ordnungsmäßige" Erfüllung des gestors, ich habe dafür „in angemessener Weise" gesetzt. Für die Worte „gesetzliche Unterhaltungspflicht" stehen in meiner Norm die Worte: „auf Pietätsrücksichten gegründete Verpflichtung", weil ich diese actio utilis ihrer Natur nach weiter ausdehnen möchte.

In voller Uebereinstimmung mit meiner Ansicht (Seite 81 bis 83) erkennen die Motive hier das Auftreten eines **objectiven** Princips, welches vom subjectiven Grundprincip der neg. gestio verschieden sti; S. 865. Dieser Anspruch ruht nicht auf der utilitas absentium, sondern auf der aequitas. In dem beschränkenden Schlußsatze der Motive Seite 865 vermisse ich die Begründung; die „ratio" der actio funeraria ist die! aequitas, welche billigt, daß Jemand, der eine **Pietätspflicht** erfüllt, dafür von dem Verpflichteten Ersatz erhält.

### § 6.
#### Der animus aliena negotia gerendi.

Der § 754 bestimmt, daß der in § 753 bezeichnete Anspruch dem Geschäftsführer nicht zusteht, wenn dieser ohne den Willen gehandelt hat, den Anspruch zu erlangen. Haben Eltern oder Voreltern ihren Abkömmlingen, oder die letzteren den ersteren Unterhalt gewährt, so ist im Verhältnisse derselben zu einander im Zweifel anzunehmen, daß jener Wille gefehlt habe.

Ich habe in § 11 das Erforderniß dieses animus aliena negotia gerendi ebenfalls in der Weise aufgestellt, daß der **Beweis**, daß der gestor ohne diesen Willen handelte, in der Regel dem Geschäftsherrn obliegen wird; cf. S. 863 der Motive. Die nähere Begründung ist Seite 55 ff. meines negotium utiliter gestum gegeben worden. Es schien mir aus den dort angeführten Gründen nöthig, die Absicht zu schenken und die Absicht eine, wenn auch nur natürliche Verbindlichkeit zu erfüllen, ausdrücklich auszuschließen. Die Motive berühren m. E. diese Lehre zu kurz.

Die Interpretationsregel des zweiten Absatzes muß m. E. auch auf die Fälle ausgedehnt werden, wo sich Geschwister und Ehegatten unterhalten. Hier waltet nicht animus recipiendi, sondern animus donandi. Warum eine solche Ausdehnung „zu weit" gehen solle, vermag ich nicht einzusehen.

### § 7.
#### Geschäftsunfähigkeit des dominus.

Nach dem Entwurfe ist die Geschäftsunfähigkeit oder die Beschränkung der Geschäftsfähigkeit des dominus ohne Einfluß auf den dem gestor nach § 753 zustehenden Anspruch (§ 756). Ich habe in § 6 den Satz aufgestellt, daß handlungsunfähige domini nur insoweit zum Ersatz verpflichtet sind, als sie bereichert sind, und denselben Seite 78 ff. meines neg. ut. gest. zu begründen versucht.

Die Motive weichen von meiner wie von der Römischen Auffassung hier ab, S. 865. Sie meinen, die Verpflichtungen des dominus seien von dessen Willen unabhängig; daher komme es auf dessen Geschäftsfähigkeit gar nicht an. Allein es kommt mehr darauf an, ob ich schließen kann, wie Jemand gewollt hat, ehe ich eintrete; wo die Geschäftsfähigkeit des dominus fehlt, ist ein solcher Schluß unmöglich und ist an ein negotium utiliter gestum gar nicht zu denken. Wie soll der, der gar keine Geschäfte schließen kann, dazu kommen, das Risico einer erfolglosen Geschäftsführung tragen zu müssen? Und wonach soll die utilitas derselben bemessen werden? Wenn nur die „Billigung" des gesetzlichen Vertreters das Vorhandensein dieser utilitas constatiren soll, so widerspricht das einmal völlig dem sonst festgehaltenen subjectiven Principe, ersetzt dasselbe aber auch nicht einmal durch ein objectives Princip, sondern gibt gestor wie dominus der Willkür preis. Ich halte diesen Paragraphen des Entwurfs für verfehlt.

## § 8.
### Irrthum in der Person des dominus.

Hat der Geschäftsführer in der Person des Geschäftsherrn geirrt, so wird nach § 757 der wirkliche Geschäftsherr berechtigt und verpflichtet.

Ich habe diesen Paragraphen nicht aufgestellt, weil er m. E. theoretisch aus § 1 zu entwickeln ist, der „Herr" ist nur der „wirkliche Herr". Wenn es aber der Entwurf nach den Motiven für nöthig hält, dies mit dem geltenden Rechte auszusprechen, um jedem Zweifel vorzubeugen, so läßt sich dagegen einwenden, daß doch eben oft Zweifel bleiben, wer der „wirkliche" Herr ist? Die Bestimmung konnte m. E. ebenso gut der Theorie überlassen bleiben, wie die Erörterung der Frage, wie es in dem Falle steht, wenn der gestor annimmt, er sei vom dominus beauftragt, oder sonst zur gestio verpflichtet, S. 866 der Motive.

## § 9.
#### Das Interesse des gestors.

Der Entwurf hebt besonders hervor, daß die §§ 749 bis 758 dadurch nicht ausgeschlossen werden, daß der gestor zu der gestio durch ein eigenes Interesse oder durch das Interesse eines Dritten bestimmt ist. Die Motive betonen, daß in diesem Falle im Uebrigen die Voraussetzungen der negotiorum gestio vorliegen müssen, insbesondere der animus recipiendi für die actio contraria. Wenn das aber der Fall ist, so kann die Theorie leicht entwickeln, daß es nach den allgemeinen Lehren auf die Motive jenes animus, eben das Interesse, nicht ankommt, und habe ich darum diesen Satz nicht besonders hervorgehoben. Richtig ist, daß nicht besonders zu bestimmen ist, der gestor erlange die actio nur dann, wenn er deren Rechte gegen den dominus erlangen wollte; S. 869 der Motive. „Der animus neg. al. gerendi setzt nur den Willen voraus, als gestor zu handeln, hierin liegt nur, daß man nicht für sich, sondern für einen Andern, Abwesenden handeln will." Cf. S. 58 meines neg. ut. gest. Die Motive hierzu sind gleichgiltig. — Die Fälle eines Gemeinschaftsverhältnisses aber würde ich ausscheiden; cf. § 10.

## § 10.
#### Societas und negotiorum gestio.

Während die Motive sonst keinen Werth darauf legen, durch welches Interesse der gestor zur gestio bestimmt worden ist, findet sich in denselben der Satz: „Auszuscheiden ist allerdings der Fall, wenn zwischen Geschäftsführer und Geschäftsherrn ein Gemeinschaftsverhältniß vorliegt, z. B. dadurch, daß das fremde Geschäft mit dem eigenen in untrennbarer Verbindung steht; in einem solchen Falle finden die Vorschriften über die Gemeinschaft Anwendung" (S. 868). Ich habe diese Ansicht nicht getheilt und theile sie auch jetzt nicht. Der Theilhaber kann trotz der „untrennbaren Verbindung", welcher Ausdruck dem objectiven Standpunkte entnommen ist, in seinem Geiste die Antheile trennen und für seinen Theil als dominus, für den andern Theil aber mit dem animus aliena negotia gerendi handeln.

Will er für dieses Handeln für den andern Theil aber eine von vornherein giltige Klage haben, so darf er nicht gelegentlich bei Veranlassung der eignen Aufwendung für den Andern mit gesorgt haben, sondern er muß durch äußere Umstände zu dieser Handlung im Sinne des Andern genöthigt worden sein. Der animus aliena negotia gerendi genügt nicht, sondern es muß ein negotium utiliter gestum vorliegen; cf. S. 74 f. des neg. ut. gest.

Eben weil hier Controversen walten, habe ich dieselben in § 12 zu lösen versucht, und halte ich das Fehlen dieser Norm in dem Entwurfe für falsch.

Für entbehrlich und irrig halte ich dagegen den § 760. Die subjective Theorie lehrt klar, daß auch dann, wenn ein frembes Geschäft im Auftrage eines Dritten besorgt wird, eine negotiorum gestio stattfinden kann. Ein negotium utiliter gestum liegt aber dabei nicht schon dann vor, wenn, wie § 760 irrig meint, nur zugleich in der Absicht gehandelt wurde, als Geschäftsführer des dominus das Geschäft zu besorgen, sondern es muß auch hier zum animus die utilitas treten, diese Absicht muß durch die von mir in § 1 normirten Umstände hervorgerufen worden sein. Eine Theorie, welche die Lehre vom animus aliena negotia gerendi und von der utilitas absentis richtig entwickelt, kann m. E. der besonderen Bestimmung über diesen Fall entbehren.

## § 11.
### Ausnahmefälle.

Die Vorschriften des § 749 bis 758 sollen nach § 761 keine Anwendung finden, wenn Jemand ein frembes Geschäft in der Meinung besorgt hat, daß dasselbe sein eigenes sei, und wenn Jemand ein frembes Geschäft in rechtswidriger Absicht als eigenes behandelt hat. Im ersten Falle haften dominus wie gestor für Bereicherung, unbeschadet der Haftung des gestor aus unerlaubter Handlung, im zweiten Falle haftet der gestor nach den für die Haftung aus unerlaubten Handlungen geltenden Vorschriften.

Voll und ganz haben mich hier die Motive von der Richtigkeit ihrer Ansicht überzeugt, und ich halte die Seite 869 bis 871 gegebene neue Construction für eine hocherfreuliche. Ich müßte

m. E. vom römischen Standpunkte aus hier beim dominus noch von der actio n. g. directa sprechen, obwohl ich von meinem Standpunkt aus Seite 74 meiner Schrift schon damals zugegeben habe, daß in beiden Fällen ein neg. utiliter gestum nicht vorliegt. Der Entwurf hat sich hier von einer Römischen Inconsequenz befreit. Wird von Jemandem ein (objectiv) fremdes Geschäft in der Meinung, daß es ein eigenes sei, als solches, nicht für den, welchen es wirklich angeht, besorgt, so ruhen die Klagen auf anderen Fundamenten; S. 869 ff. der Motive. Die actio negotiorum directa findet nicht statt, weil das Bewußtsein des Geschäftsführers und der sich hieraus nothwendig ergebende, aus den Umständen erkennbare Wille, sich mit einem fremden Geschäfte zu befassen, fehlt, weil mithin die Voraussetzung jeder negotiorum gestio mangelt. Die actio negotiorum gest. contraria kann noch weniger Platz greifen, weil ja dem gestor der animus obligandi gefehlt hat. Es liegen nur Bereicherungsansprüche vor. Hat der gestor daneben seinen error fahrlässig verschuldet, so haftet er ex delicto.

Hat Jemand ein fremdes Geschäft in rechtswidriger Absicht als eigenes behandelt, so haftet der gestor aus dem Delict. Für den dominus bedarf es der act. neg. gest. directa nicht. Mit vollstem Recht betonen hier die Motive den auch von mir vertretenen subjectiven Standpunkt: Es muß der ernste Wille, ein fremdes Geschäft als fremdes zu besorgen, und eine, wenn auch nur aus den Umständen sich ergebende Offenbarung dieses Willens vorhanden sein, wenn von den Klagen aus der neg. gestio die Rede sein soll. Beides fehlt hier.

Ich billige also diesen von mir ausgelassenen Paragraphen und würde ihn nach meiner Fassung zwischen § 11 und 12 einschieben.

Ueber die Folgen der Genehmigung hat sich der Entwurf nicht ausgesprochen, wie es scheint, aus denselben Gründen, aus denen ich keine Norm aufgestellt habe. Die hierdurch entstandenen Rechtsbeziehungen vollziehen sich nach den Motiven (S. 870) nicht im Wege des einseitigen Rechtsgeschäfts, sondern nur im Vertragswege.

Ich habe Anm. 2 S. 75 meiner Abh. betont, daß hier die Gleichheit der Wirkung nicht etwa auf einer Einheit des Princips beruht. Wir betreten hier „das Gebiet des wirklichen Willens", mit anderen Worten das Reich des Vertragsrechts, und würden vom Thema abweichen, wenn wir uns hier auf diese Verträge einlassen wollten. Der Anbietungswille des gestor kann hier viel weiter gehen, als sein Wille beim negotium ut. gestum; genehmigt der Herr, so haftet er, kraft der Willensmacht, soweit als der gestor für ihn handeln wollte; cf. Anm. 1 S. 76 meines neg. ut. gestum.

§ 12.
### Die Haftung des Geschäftsführers.

Nach § 749 haftet der gestor dem dominus für den Ersatz des durch dolus oder culpa verursachten Schadens. Er hat auch für den Ersatz des Schadens zu haften, welchen er dadurch verursacht hat, daß er gegen den bei Anwendung der Sorgfalt eines ordentlichen Hausvaters erkennbaren Willen des dominus gehandelt hat, es sei denn, daß eine der im § 755 bezeichneten Voraussetzungen vorliegt (actio funeraria utilis).

Ich habe in § 8 ebenfalls „vollen Schadensersatz" angeordnet, und in § 3 bestimmt, daß der gestor die Sorgfalt eines guten Hausvaters anzuwenden hat; diese Sorgfalt bezieht sich auf die Ausführung des erkennbaren Willens, wie auf die Erkenntniß dieses Willens, nicht aber auf das Eintreten des gestors selbst, denn die Vermuthung der Sorgfalt eines ordentlichen Hausvaters überhaupt in § 753 habe ich von meinem streng subjectiven Standpunkt aus gestrichen.

Hat der Geschäftsführer zu dem Zwecke gehandelt, um von der Person oder dem Vermögen des dominus eine dringende Gefahr abzuwenden, so soll er. nach § 750 nur wegen Vorsatzes und grober Fahrlässigkeit haften. Diese Norm entspricht meinem § 10, ich glaubte nur die zu Gunsten des dominus gezogene Schranke noch strenger ziehen zu müssen; cf. Motive S. 858.

Der gestor muß dem dominus Rechenschaft ablegen und Alles herausgeben, was er aus der Besorgung erlangt hat; § 751. Ich habe in § 8 fast wörtlich dasselbe gesagt. Dagegen halte ich den Schlußsatz: „Auf diese Verpflichtungen finden die Vorschriften über die einem Beauftragten obliegenden Verpflichtungen entsprechende

Anwendung" für gefährlich, ja für falsch. Es wird damit in der Theorie der so glücklich beseitigten Construction aus Fictionen die Thür wieder geöffnet, und das Wort „entsprechend" deutet an, daß die Fiction sich mit der Wahrheit nicht deckt. Man muß die Pflichten des gestors **besonders** normiren. Ebenso müssen die Pflichten des dominus **besonders** normirt werden, wie ich es in § 9 versucht habe; denn das positive Institut der negotiorum gestio ist kein Vertrag und darf aus dem Vertragsrecht nichts entlehnen!

Die Bestimmung des § 752 würde ich streichen. Die Gründe, welche dafür angeführt werden, daß der geschäftsunfähige oder in der Geschäftsfähigkeit beschränkte gestor nur zur Herausgabe der Bereicherung verpflichtet sein soll, überzeugen mich nicht. Das Wesen des positiven Instituts wird dabei verkannt; die negotiorum gestio soll kein Rechtsgeschäft im engeren Sinne, aber eine Rechtshandlung im weiteren Sinne sein, und **darum** soll auf die Handlungsfähigkeit des gestors Rücksicht genommen werden. Aus dem gemeinen Recht sind keine Gründe angegeben und konnten keine gefunden werden. Die utilitas absentis, d. h. die Rücksicht auf den **einzelnen** dominus, fordert volle Haftung **aller** gestoren. Die Motive zu § 752 zeigen eine bedauerliche Verwirrung des Rechts der positiven Institute mit dem Vertragsrecht, wenn sie auch im Eingange sich sehr gewunden ausdrücken. Die positiven Institute beruhen nicht auf dem **Einzelwillen**, sondern unmittelbar auf dem positiven Rechte, darum haftet auch der beschränkte Wille. Sie entnehmen alle ihre Normen dem Grundprincip, hier der utilitas absentium verbunden mit der utilitas absentis, und dieses fordert die fragliche Bestimmung nicht; cf. mein Grundprincip der negotiorum gestio Seite 45 und 41.

§ 13.
### Die Beziehung zur Abwesenheitscuratel.

Die absentia ist nicht vorhanden, wenn ein Vertreter vom Herrn ernannt ist und dieser seine Stelle ausfüllt. Im Interesse aller abwesenden domini kann der Staat aber auch einen Abwesenheitscurator ernennen. Die Römer kannten nur eine Vermögenscuratel, im Deutschen Rechte dagegen bestand die Vormundschaft über

Verschollene. Ich verweise auf Seite 52 ff. meines neg. ut. gestum. Das Preußische Recht hat eine wahre Vormundschaft über Abwesende ausgebildet. Jeder, der ein Interesse hat, kann schon vor Ablauf eines Jahres im Falle der Verhinderung wie des unbekannten Aufenthalts des Abwesenden die Einleitung der Vormundschaft beantragen. Ich hatte S. 147 meiner Abhandlung die Annahme der Preußischen Abwesenheitsvormundschaft für die Reichsgesetzgebung warm empfohlen. In der Annahme, daß hier die Preußischen Normen Reichsrecht werden würden, hatte ich im § 7 vorgeschlagen, daß bei längerer Abwesenheit oder Verhinderung des dominus Ascendenten, Descendenten, Geschwister und Ehegatten, falls kein gestor eintritt und die Geschäfte eine umsichtige Verwaltung erfordern, die Pflicht haben, auf Bestellung eines Abwesenheitsvormundes anzutragen. Dieser zwanglosen Norm wäre aber dann in der weiteren Ausbildung der Lehre noch der Zusatz zuzufügen, daß sie anderenfalls für den aus der Versäumniß entstandenen Schaden haften.

Bei dem streng ausgebildeten subjectiven Grundprincip, welches dann, wenn der gestor nur objectiv nützlich die Geschäfte führt, ihm keine von vornherein giltige Klage geben kann, ist es m. E. wünschenswerth, daß in den von mir angegebenen Fällen die nächsten Verwandten für die freiere, auch das objectiv Nützliche wahrnehmende Abwesenheitsvormundschaft sorgen.

Meine Erwartung der Aufnahme dieser Preußischen Normen ist nicht ganz getäuscht worden. In § 1740 ist bestimmt, daß ein abwesender Volljähriger, dessen Aufenthalt unbekannt ist, zur Besorgung seiner der Fürsorge bedürfenden Vermögensangelegenheiten einen Pfleger erhalten soll, wenn und soweit er nicht durch Ertheilung eines Auftrags oder Vollmacht Fürsorge getroffen hat, oder wenn und soweit Umstände eingetreten sind, welche das Erlöschen des Auftrages oder der Vollmacht zur Folge haben oder zum Widerrufe derselben einen begründeten Anlaß geben. Gleiches gilt bei der Verhinderung des Abwesenden.

Mit Recht führen die Motive aus, daß der Abwesenheitspfleger die Stellung eines dem Abwesenden von Staatswegen bestellten Bevollmächtigten hat. Sehr richtig überlassen sie jetzt ferner die Beurtheilung der Länge der Zeit dem richterlichen Ermessen, S. 1259 Band IV der Motive.

Aber ich halte für irrig, daß die Motive S. 1262 ausführen, daß Dritten, auch wenn dieselben ein Interesse zur Sache haben, ein Recht, die Einleitung einer Pflegschaft zu verlangen, nicht gegeben werden könne, weil der Grund der Einleitung einer Pflegschaft lediglich das Schutzbedürfniß des Abwesenden sei. „Soweit mit Rücksicht auf außerhalb des bürgerlichen Gesetzbuchs liegende Materien das Bedürfniß vorliegen sollte, Dritten ein solches Recht einzuräumen, ist es der Specialgesetzgebung zu überlassen, in dieser Richtung die erforderliche Vorsorge zu treffen. Selbstverständlich ist es indessen betheiligten Dritten unbenommen, durch Anträge beim Gericht zur Anordnung einer Pflegschaft Veranlassung zu geben" (S. 1262 loc. cit.).

Aber gerade um des **Schutzbedürfnisses** des **Abwesenden** willen habe ich die Anzeigepflicht der Verwandten normirt, weil der **Staat** leicht von der Abwesenheit oder der Verhinderung nichts erfahren wird!

## § 14.
### Schlußbemerkung.

So komme ich bei der Vergleichung meiner Normen mit denen des Entwurfs zu dem Resultate, daß ich nur den § 761 des Entwurfs meinen Normen einfügen würde. Im Uebrigen halte ich dieselben aufrecht und wiederhole meinen Vorschlag zur Aufnahme derselben; mag nun dieser Vorschlag Aufnahme finden oder nicht, so viel hat mir die Prüfung der Motive gezeigt, daß meine frühere Vertretung des **rein subjectiven Princips** die richtige war, so daß meine Abwehr gegen Ruhstrats Angriffe damals berechtigt erschien, jetzt aber überflüssig wäre, weil der Entwurf mit dem **objectiven Princip** bricht.

## III.
## Die Immission.

### § 1.
#### Römisches Recht und dessen Kritik.

1. Die Frage, in welcher Hinsicht das Eigenthumsrecht an Grundstücken betreffs der Immission beschränkt ist, hängt auf das engste zunächst mit der Vorfrage zusammen, wie weit sich das Eigenthumsrecht an Grundstücken auf den unter und über dem Grundstück befindlichen Raum erstreckt. Mit Unrecht wird bei der Beantwortung dieser Frage von einem Recht an dem Grund und Boden bis in die „ewige Teufe" und einem Rechte an der „Luftsäule" gesprochen. Man muß diese phantastischen Constructionen m. E. einmal mit mathematischem Ernst behandeln, um ihre Nichtigkeit klarzulegen! Nehmen wir einmal an, daß sich das Recht nach oben und unten hin unbeschränkt erstreckt, dann wird nach dem Mittelpunkt der Erde zu der Querdurchschnitt der Grundeigenthumskörper ein immer kleinerer werden, bis am Mittelpunkt ein gemeinsames Eigenthum entstehen würde. Das „Märchen von der Luftsäule" hat insofern einen wahren Kern, als wir in Folge des Gesetzes der Schwere die Luft nur in Form eines geraden Säulenraumes nützen können. Nun setzen sich aber die vom Mittelpunkt ausgehenden Theilkörper der Erde selbstverständlich nach oben mit denselben Flächenwinkeln fort und wären zu benutzen, wenn sie wiederum Erdboden zur Füllung hätten. Als Luftkörper sind sie in dieser Form zum Bauen für uns unbenutzbar. Demnach besteht logisch nach unten allerdings ein

Eigenthumsrecht bis in die „ewige Teufe", aber es mindert sich seinem Querdurchschnitte nach; nach oben hin besteht nicht ein Eigenthum an einer „Luftsäule", sondern es entsteht sofort ein Verwischen der Grenzen und sehr bald ein Gesammteigenthum an der Luft! Nun ist aber leicht zu erkennen, daß das Verengen der Grenze nach unten hin erst in bedeutender Tiefe und das volle Gesammteigenthum nach oben hin nicht sofort, sondern nur partiell sofort eintritt, daß also das praktische Bedürfniß des Eigenthümers entschieden auch nach der strengen Logik der Thatsachen, mit der auch das Recht rechnen muß, doch sein Eigenthum nach oben und unten[1]) hin erhält und nur eine Ueberspannung der Ausnutzung dadurch negirt wird. Zu denken gibt aber die Thatsache, daß mathematisch nach unten hin erst bei dem ideellen Centrum ein Miteigenthum entsteht, während nach oben hin sofort Miteigenthum, wenn auch erst nach und nach am ganzen Luftbereich, entsteht. Dieser Unterschied, den die Logik zu machen gebietet, entspricht unserer Anschauung im praktischen Leben. Ein anderer Unterschied besteht darin, daß wir den Luftraum anders nutzen als den Bodenraum, wie ja auch die Nutzung des fließenden Wassers eine andere ist und andere Rechte hat. Wie man von einem mare liberum spricht, kann man auch von einem freien Luftmeer sprechen.

Die Beschränkungen, die sich nöthig erweisen, sind rein polizeilicher und nicht civilrechtlicher Natur; sie werden durch die Schwerkraft nöthig.

2. Aus der Natur der Sache folgt weiter:

Die Immission ist ein Einwirken, ein Einsenden von Stofftheilen in andern Stoff. Uneigentlich kann man darunter auch die Bewegung von Stofftheilen durch fremde Stofftheile verstehen.

Erde und Luft sind der Regel nach ruhige Elemente. Da die Mehrheit der Menschen nur rechtlich mit einander leben kann, so darf einer vom andern principiell fordern, daß er nicht fremde Stofftheile in seinen Raum sende und die darin vorhandenen nicht bewege. Aber auch hier ist ein Unterschied zwischen dem Boden und der Luft vorhanden, der aus der verschiedenen Natur der beiden Elemente entspringt. Die Ruhe der Luft ist eine relative, es findet

---

[1]) Die Beschränkung durch das Bergregal und die staatliche Berghoheit soll hier nicht erörtert werden.

stets ein Hinüber- und Herüber-Strömen statt, während der Grund und Boden eine absolute Ruhe zeigt.

3. Aus der Natur der Sache folgt ferner, daß die Chicane verboten ist, daß man zwar innerhalb der Raumsphäre seines Grundstücks die Interessen der Nachbarn nicht zu berücksichtigen braucht, daß man aber nicht lediglich zu dem Zwecke handeln darf, um einen Andern zu schädigen. Denn das widerspricht dem rechtlichen Nebeneinanderleben der Menschen, welche Rechtswesen sind.

Hiermit sind die allgemeinen Gesichtspunkte erschöpft und kann Weiteres nur aus dem positiven Rechte entnommen werden.

Wir haben hier das Römische Recht zu betrachten.

4. Zunächst ist im Römischen Rechte der allgemeine Grundsatz ausgesprochen, daß Niemand sein Recht nur zu dem Zwecke ausüben darf, um einem Andern zu schaden. Cf. l. 38 D. 6, 1 („neque malitiis indulgendum est"), l. 2 § 5 D. 39, 3 („haec aequitas suggerit, etsi jure deficiamur"), § 9 loc. cit („si modo non hoc animo fecit, ut tibi noceat") l. 1 § 12 D. 39, 3 („si non animo vicino nocendi"). Offenbar hat den Römern diesen echt humanen Grundsatz die aequitas gegeben, wie sie selbst es aussprechen. Diese aber ist nichts Anderes als die Natur des Sittlichen im Rechte, der sittliche Charakter des menschlichen Geselligkeitstriebes. Sie ist nicht das rein Sittliche selbst, denn der Berechtigte darf sein Recht ausüben, wenn er daran irgend welches Interesse hat, und braucht nicht die fremden Interessen zu beachten. Das Recht trägt zunächst nicht die ins Uferlose verschwimmende Menschenliebe, sondern die Selbstbehauptung. Das wird unter Anderem schön in der oben zuletzt citirten Stelle klargelegt: „Denique Marcellus scribit, cum eo, qui in suo fodiens vicini fontem avertit, nihil posse agi, nec de dolo actionem." Es entspricht das auch den Forderungen der Logik, denn in dem Bereiche, aus dem wir unser Quellwasser durch Graben entnehmen, sind die Grenzen noch festzuhalten, und ist natürlich nicht daran zu denken, daß der Nachbar bei einem senkrecht gegrabenen Brunnen in das Gebiet des Nachbars kommen könnte.

Der Schlußsatz aber „et sane non debet habere, si non animo vicino nocendi, sed suum agrum meliorem faciendi id fecit", der ausspricht, daß man keinen Brunnen graben darf, nur um dem Nachbar das Quellwasser zu entziehen, ruht auf der sittlichen Friedensnatur des Rechts, und wir dürfen hier sagen, auf der Natur der Sache; die Thatsache der Mehrheit könnte ihn nicht schaffen, es schafft ihn aber die Mehrheit und die Thatsache, daß diese Mehrheit aus Rechtswesen, aus mit dem sittlichen Gesellschaftstriebe gebornen Menschen besteht.

5. Windscheid meint, es verstehe sich von selbst, daß der Eigenthümer seine Sache nicht gebrauchen darf in einer Weise, daß dadurch auf die benachbarte Sache eingewirkt wird. (Pand. 1 S. 525 Anm. 6.) Dieser Grundsatz ist in seiner Allgemeinheit richtig. Aber es ist ein Unterschied vorhanden bei dem Raum über und dem Raum unter der Grundstückfläche. Dieser Unterschied beruht einmal auf der von mir erwähnten mathematischen Wahrheit, daß wir am Luftraum sofort Miteigenthümer werden, während nach unten zu das Eigenthum, soweit menschliche Zwecke reichen und nicht Regale entgegenstehen, voll als Einzeleigenthum vorhanden ist. Dann ruht der Unterschied mit auf der Natur der Sache. Die Lufttheilchen sind nicht so compact wie die Erdtheile, wir athmen uns ja so zu sagen gegenseitig die Luft weg, ohne darin eine Verletzung zu finden, während wir an den Erdtheilen streng unser Recht wahren. Die Luft ist zur Mitbenutzung, zum Miteigenthum nach unserer Ansicht da, die Oberfläche der Erde nicht. Hieraus können wir schon vermuthen, daß im Rechte das Einwirken auf die Erde anders beurtheilt werden wird, als das Einwirken auf die Luft, und zwar sowohl in Beziehung auf das Einsenden von Stoff in fremde Eigenthumsbezirke, als auf die Beziehung auf die Bewegung fremden Stoffes mittels eigener Stofftheile. (Die Immission ist in Stoffeinsendung und Stoffbewegung zu trennen; die letztere ist Immission aber nur im uneigentlichen Sinne, weßhalb ich die Ausdrücke: echte und scheinbar echte Immission vorschlage.) Das Römische Recht bestätigt unsere Vermuthung durchaus.

6. Betrachten wird zunächst die Immission auf der Grundfläche und unter der Grundfläche. Einen Fall der echten Immission nennt l. 8 § 5 D. 8, 5: Alfenum denique scribere ait, posse ita agi, jus illi non esse in suo lapidem caedere, ut in meum fundum fragmenta cadant. Man darf auf seinem Grundstück nicht Steine hauen in der Weise, daß die Steinstücken auf des Nachbars Grund-

stück hinüberfliegen. Ein Fall der echten Immission ist ferner vorhanden, wenn Grundwasser oder anderes stehendes Wasser aus einem Grundstück in das andere bringt. (Das Recht an der fließenden Welle gehört nicht hierher.) Die entscheidende Stelle ist l. 19 pr. D. 8, 2: „Fistulam junctam parieti communi, quae aut ex castello, aut ex coelo aquam capit, non jure haberi Proculus ait; sed non posse prohiberi vicinum, quo minus balneum habeat secundum parietem communem, quamvis humorem capiat paries, non magis, quam si vel in triclinio suo, vel in cubiculo aquam effunderet. Sed Neratius ait, si talis sit usus tepidarii, ut assiduum humorem habeat, et id noceat vicino, posse prohiberi eum."

Der Nachbar kann also nicht gehindert werden, ein Bad an der gemeinsamen Wand anzulegen, wenn die Wand auch Feuchtigkeit anzieht; aber dies gilt, wie der Zusatz zeigt, nur, wenn das Bad ein Gelegenheitsbad ist.

Wenn das Bad sehr oft benutzt wird, daß es eine dauernde Feuchtigkeit bereitet, und diese dem Nachbar schadet, kann jener verhindert werden. Gewiß liegt nun auch in jenen vorübergehenden Fällen echte Immission vor, aber das Römische Recht normirt, daß für jene kein Schaden zu ersetzen ist. Nur dann ist er zu ersetzen, wenn die Immission dauernd und deßhalb stark ward. Es ist dies wiederum eine Forderung der Billigkeit; wir werden später das Princip auch anderwärts zu verwenden haben.

Dauernde echte Immission liegt ferner vor, wenn eine Düngergrube angelegt wird, welche des Nachbars Mauer befeuchtet; l. 17 § 2 D. 8, 5.

Dagegen haben wir dann Fälle unechter Immission, wenn ein Wohnhaus in Folge von Erderschütterungen durch vorüberfahrende Bahnzüge Risse und Sprünge erhalten hat. Von einem solchen Falle spricht das Reichserkenntniß vom 7. Februar 1883 (cf. Justiz-Ministerialblatt für die Pr. G. u. R. vom 1. Februar 1884). Der Berufungsrichter hatte mit Recht echte und unechte Immission geschieden, aber mit Unrecht wegen der letzteren eine Entschädigungspflicht unbedingt verneint. Das Reichsgericht nimmt keine Immission, sondern einen rechtswidrigen Eingriff in das Eigenthumsrecht an, ein Ausdruck, der mir zu allgemein zu sein scheint, denn es wird doch nur die Bewegung immittirt, und ist doch ein „körperlicher Eingriff" vorhanden. Aber ich meine allerdings, daß bei hohem Grade der unechten Immission ein Entschädigungsanspruch stattfinden muß, wie ihn das Reichsgericht auch normirt. Denn wir setzen einen ruhigen Erbboden voraus und haben ein Recht, uns gegen eine immittirte Bewegung zu wehren.[1]) Jenes erwähnte Princip des Römischen Rechtes verlangt aber eine gewisse Dauer jener unechten Immission, wie sie bei den Bahnzügen stattfindet und bei zufällig vorüber rollenden Lastwagen auf der Straße fehlt. Es kann freilich auch eine nur einmal immittirte Bewegung so heftig sein, daß ein Anspruch aus der unechten Immission durch sie entsteht. Denn die Analogie nach jener Römischen Stelle, die von dem Eindringen der Feuchtigkeit spricht (assiduum humorem), macht nicht die Dauer zur Bedingung, sondern kennzeichnet durch sie das Erforderniß einer starken Einwirkung. Aus den von mir oben angegebenen Gründen finden wir andere Resultate, wenn wir die Anwendung dieser Lehre von der Immission auf die Luft, dem über dem Grundstück befindlichen Raum, anwenden. Während in dem Boden kein Bodentheil (das Wasser fordert andere rechtliche Behandlung) immittirt werden darf soweit die echte Immission in Frage kommt, ist eine echte Immission in dem Lufträume unter Umständen gestattet.

Der Musterfall echter Immission ist hier die Immission von Rauch; es ist zugleich auch der für unser industrielles Zeitalter wichtigste Fall.

Nach Römischer Ansicht muß sich der Eigenthümer des Nachbargrundstückes gefallen lassen, daß der auf dem Nachbargrundstück aufsteigende Rauch, der nicht allzuviel Ruß mit sich führt, auf sein Grundstück herüber bringt. Schweren, d. h. Rußmassen mit sich führenden Dampf darf nach Römischem Recht der Nachbar nicht eindringen lassen, weil er durch seine stoffliche Eigenthümlichkeit der Immission in den Grund und Boden ähnelt.

So und nicht anders ist meiner Ansicht nach die Bestimmung

---

[1]) Selbstverständlicherweise hindert die Ertheilung der Concession die Entschädigungspflicht nicht; es kann nur in Folge dessen nicht das Aufhören des Betriebes verlangt werden.

der l. 8 § 5, 6 D. 8, 5 zu verstehen. Der § 6 der Stelle sagt, daß es erlaubt sei auf seinem Grundstücke den Rauch, der nicht allzuviel Ruß enthält und deßhalb schwer ist, aufsteigen zu lassen, etwa auf seinem Herde; denn es sei auch erlaubt, auf seinem eigenen Boden Feuer anzumachen, sich zu setzen oder zu waschen. Die von mir oben erwähnte Natur der Sache bringt es mit sich, daß wir bei der Benutzung der Luft über unserem Grundstücke davon ausgehen, daß dieselbe Allen gemeinsam ist und kein Eigenthum an der Luftsäule besteht. In den Fällen aber, wo man den Rauch nicht aufsteigen läßt, wie von einem Herde aus, sondern ihn selbst auf das Nachbargrundstück hinüberleitet, wird man wegen Immission haftbar. Das ist z. B. der Fall, wenn Röhren zur Ableitung des Dampfes aus dem Badehaus so angelegt werden, daß sie auf des Nachbars Grundstück münden, oder wenn aus einer Käsefabrik, in der die Römer den Dampf benutzten, der Dampf direct in den darüber liegenden Raum immittirt wird. Das eine Mal wird der Dampf seitwärts, das andere Mal aufwärts direct in einen fremden Raum geleitet; cf. l. 8 § 5, 6 D. 8, 5. Es ist demnach bei echter und directer Immission von Rauch stets eine Haftung vorhanden; so z. B. wenn eine Fabrik durch eine seitliche Oeffnung am Boden den Dampf auf unser Grundstück stoßen wollte. Es ist hierbei auch an die Einrichtung der Ziegeleien zu denken. Bei echter aber in directer Immission — wenn der Rauch in die Höhe gelassen wird und dann herüber treibt — ist es erlaubt fumum non gravem zu immittiren. Wann liegt der Fall des schweren Rauchs vor? Ich meine bei rußhaltigem Qualm! Der Fall der Römischen Käsefabrik zählt nicht hierher, denn in diesem Falle fand eine directe Immission in einen direct darüberliegenden Raum statt. Es bleibt uns daher nur die Interpretation der Worte „fumum non gravem" übrig. Entschieden zählt zu diesen meist der Rauch aus unsern modernen Fabriken, dessen indirecte Immission daher nach gemeinem Rechte verboten wäre. Allein nach der deutschen Gewerbeordnung ist es bekanntlich nicht möglich, die Einstellung des einmal genehmigten Gewerbebetriebs zu fordern. Demnach kann nur möglichste Beseitigung der Einwirkung verlangt werden, so das Höherbauen einer Esse oder die Anbringung eines Rußfängers; ist dies unmöglich oder unthunlich, so bleibt nur die

Forderung auf Schadensersatz (cf. auch Windscheid I. S. 526 Anm. 7 i. f.). Diese Forderung ist schwer zu begründen. Und so bleibt die sorgfältige Umsicht bei der Genehmigung des Gewerbebetriebs auf Seiten der Polizei das Hauptschutzmittel der Nachbarn. — Das Reichsgericht nimmt bei der Betrachtung der Immission von Rauch auf den bekannten Plenarbeschluß des Pr. Obertribunals vom 1. Mai 1852 Bezug, der meine Ansicht betreffs des gemeinen Rechts nicht ausschließt.

Die Erregung von belästigenden Gerüchen ist ein Fall der echten Immission, denn es werden Stofftheile immittirt. Mit Windscheid betone ich in dieser Hinsicht die Stellen l. 2 § 29 D. 43, 8 und pr. §§ 26—28 eod. (loc. cit. S. 529 A. 20). Insbesondere betonen die letztern §§ das Vorliegen einer Immission. Es ist auch hier directe und indirecte echte Immission zu scheiden. Wenn Luftlöcher in einer Grenzmauer angebracht werden, aus welchen sich ein ekelhafter Geruch verbreitet, so wird der Grund zur Haftung eher vorliegen als bei Immission in den Luftraum nach oben. Indessen ist die Scheidung hier nicht so wichtig wie beim Dampf, was in der Natur jener Stofftheile liegt, die sich schneller seitwärts verbreiten (cf. auch Dernburg, Pr. Privatr. I. S. 53 Anm. 22 zu § 220). Zu betonen ist auch hier das römischrechtliche Erforderniß einer gewissen Dauer der Belästigung. Beim Gewerbebetrieb muß hier die polizeiliche erste Genehmigung zumeist das Nachbarrecht schützen, da eine Einstellung nicht verlangt werden kann und eine Vermeidung derselben durch Schutzmittel schwerer zu erwirken ist, als beim Rauch.

Die Erregung von Geräusch ist ein Fall der unechten Immission, denn es wird nur Stoff bewegt, nicht immittirt. Die Erregung von Schallwellen ist nicht mit Windscheid dem Hineintreiben von gasförmigen Körpern gleichzustellen. Während nun die Erregung des Grund und Bodens leicht zerstört, ist die Erregung der Luft durch Lärm meist nur belästigend, und schon aus diesem Grunde, ganz abgesehen vom gemeinsamen Eigenthum, weniger zur Erhebung einer Schadensforderung geeignet. Doch wird auch hier dauernder oder starker Lärm einen Ersatzanspruch geben, denn wir brauchen uns ein derartiges Wirken auf den sonst ruhigen Luftraum über uns als Eigenthümer nicht gefallen zu zu lassen. Eine römische Stelle habe ich hierfür nicht gefunden, was allerdings Bedenken erregen kann. Aber ich meine, das Reichsgericht hat in seinem Erkenntniß vom 29. März 1882 (B. 6 S. 217 ff. der Entsch.) mit Recht gesagt, daß es dennoch eine Klage auch hier geben müsse; „die Eigenthümer müssen in der Benutzung je ihres Grundstückes auf die Benutzbarkeit der benachbarten Grundstücke Rücksicht nehmen und sich solcher Benutzung enthalten, welche nicht ausführbar ist, ohne die Benutzbarkeit der benachbarten Grundstücke zu verhindern."[1]) Dieser richtige allgemeine Satz ruht auf der „Rechtsgemeinschaft des Staates".[2]) In unserer Zeit der **Musikpest** ist diese Meinung bedeutsam.

8. Anknüpfend an diesen **allgemeinen Satz des Reichsgerichtes**, der mit meinen in der Einleitung ausgesprochenen Worten über die Mehrheit und den sittlichen Geselligkeitstrieb übereinstimmt, wollen wir am Schluß noch den Fall betrachten, wo Jemand durch **tiefes Graben** der Nachbarmauer den Halt entzieht, obwohl er das Nachbargrundstück **nicht berührt**.

Windscheid meint, es werde dem Grundstück die Eigenschaft der Tragfähigkeit dadurch entzogen (S. 529 A. 17). Es ist allerdings **weder echte noch unechte Immission** vorhanden, es wird keine Bewegung hinüber gesandt, sondern eine Spannung der Stofftheile weggenommen. Und so bedurfte es im gemeinen Recht hier allerdings einer **gesetzlichen Beschränkung des Eigenthums** in l. 24 § 12 D. 39, 2, denn die Lehre von der Immission ist hier **nicht anwendbar**. Daneben kann man den allgemeinen Satz des Reichsgerichts für den Anspruch geltend machen. —

„Alle möglichen Fälle" will diese Auslassung so wenig umfassen wie der Plenarbeschluß des Obertribunals vom 7. Juni 1852.

Ich wollte nur einmal darauf hinweisen, daß die Immission in den Boden, in den Luftraum, die echte und unechte und die directe und indirecte Immission m. E. scharf zu trennen ist, wenn man einen

---

[1]) Für den Gewerbebetrieb gilt natürlich auch hier das oben Gesagte und die Bestimmung der Gewerbeordnung.

[2]) Vorbeugend müssen hier Polizeigesetze helfen. **Claviere dürften z. B. nicht an die Nachbarwand gestellt werden**. Die Immission unseligen Klimperns ist für den geistig Arbeitenden lästiger, als Rauch für einen Nachbar ist!

klaren Einblick in die Construction dieser wichtigen Frage gewinnen will.

## § 2.
#### Der Entwurf eines bürgerlichen Gesetzbuches für das Deutsche Reich und dessen Kritik.

1. Der Entwurf weicht von den im vorigen Abschnitt aufgestellten Grundsätzen auf das erheblichste ab. Er geht dabei von dem Bestreben aus, dem modernen Industrie-Verkehr auf Kosten des strengen Eigenthumsbegriffs gerecht zu werden.

Nach § 849, welcher lautet: „Das Recht des Eigenthums eines Grundstücks erstreckt sich auf den Raum über der Oberfläche und auf den Erdkörper unter derselben", könnte es allerdings zunächst scheinen, als ob der Eigenthumsbegriff principiell strenger gefaßt würde, als es in § 1 dieser Abhandlung geschehen ist. Ich halte diesen Paragraphen für entbehrlich und falsch. Die Motive irren schon aus mathematischen Gründen, wenn sie fol. 263 behaupten, daß eine senkrecht die Erdoberfläche schneidende Fläche, welche sich nach oben und nach unten unbegrenzt fortsetze, die Grenze bilde. Es hätte das Nähere hier der Theorie überlassen bleiben können. Die Motive geben kurz darauf fol. 264 auch selbst zu, daß die mögliche Gefahr der Ueberspannung der Eigenthumsbefugnisse darin liege, daß in zu großem Umfange der Besitzstörungsklage und der negatorischen Klage stattgegeben werden könnte. Sie trösten sich damit, daß dies nicht zu befürchten sei, ohne einen Grund dafür zu nennen. Ich meine, gerade das Aussprechen dieses Princips kann und wird zum Mißbrauch der beiden genannten Klagen führen.

2. Im Gegensatz zu dieser Ueberspannung des Eigenthumsbegriffs normirt der § 850 eine überaus weitgehende Eigenthumsbeschränkung, indem er sagt: „Der Eigenthümer eines Grundstücks hat die nicht durch unmittelbare Zuleitung erfolgende Zuführung oder Mittheilung von Gasen, Dämpfen, Rauch, Ruß, Gerüchen, Wärme, Erschütterungen und dergleichen insoweit zu dulden, als solche Einwirkungen entweder die regelmäßige Benutzung des Grundstücks nicht in erheblichem Maße beeinträchtigen oder die Grenzen der Ortsüblichkeit nicht überschreiten."

Die Motive meinen, daß es der Natur der Dinge entspreche,

von dem Standpunkt der Freiheit auszugehen und alsdann gewisse Immissionen zu Gunsten des Eigenthümers durch privatrechtliche Normen zu verbieten, bei den sonstigen Immissionen aber die Bestimmung der Erlaubtheit oder Unerlaubtheit der Polizeigesetzgebung zu überlassen. Um die Industrie nicht zu lähmen, sei es nöthig, principiell in der Immission von Imponderabilien eine rechtsverletzende Handlung nicht zu finden.

Die Motive sagen weiter: „aus dieser Auffassung heraus hat die Nichterwähnung der Immission von Geräuschen den Sinn, daß auch die excessive Immission von Geräuschen — von Licht wird dasselbe gelten müssen — nicht als Eigenthumsverletzung zu gelten habe" (S. 266). Allein ich meine, aus den allgemeinen, im ersten Paragraphen vertretenen Anschauungen ergibt sich, daß auch die Geräusche und das Licht als Immissionen von Bewegungen unter dieselbe Norm gestellt werden müssen, sie fallen m. E. entschieden unter das „und dergleichen" des § 850, sollten aber noch besonders genannt werden. Die excessive Immission von Lärm wird oft schwerer als andere Immissionen empfunden werden.

Ich halte aber auch die Grundansicht der Motive für sehr angreifbar; ich meine, daß es ausnahmsweise Beschränkungen des Eigenthums geben muß, und daß Zweckmäßigkeitsrücksichten nichts an dem Begriffe des Eigenthümers ändern können. Wer durch die Industrie reich werden will, wer zahllose Essen baut, der mag sich für seine Fabrik doch zuerst einen Ort aussuchen, wo er seine Nachbarn nicht belästigt.

Wenn nun aber einmal der Entwurf etwas ganz Neues hier schaffen will, so ist ihm darin beizustimmen, daß er sich durch die höchst elastischen Bestimmungen über die unerlaubten Immissionen wenigstens ins Einvernehmen mit der jeweilig herrschenden Ansicht zu setzen gewußt hat.

Es soll eine Immission als erlaubt gelten, welche nach der Ortsübung ertragen zu werden pflegt. Dabei ist zu loben, daß hierdurch allerdings Eingriffe in „eingelebte Verhältnisse" (schlechtes Deutsch! S. 267) vermieden werden und daß in der Ueblichkeit ein beweglicher Regulator gegeben ist. Aber dieser Regulator ist auch sehr unsicher! — Wie anders wird z. B. in einer Fabrikstadt ein Gelehrter über Immission von Rauch denken, als ein Fabrikherr!

Wen soll man fragen? Etwa die Majorität? Hängt der Eigenthümer von dieser ab? Gewiß nicht.

Die Motive meinen, die indifferenten Immissionen seien zu erlauben. Allein dann müssen wenigstens die indifferenten **chicanösen** Immissionen verboten werden. Es genügt nicht, mit den Motiven ganz richtig stets zu verbieten, den Imponderabilien die Richtung auf das fremde Grundstück zu geben, denn auch die natürliche Verbreitung kann durch reine Chicane veranlaßt werden.

Für gefährlich halte ich es ferner, dem subjectiven Interesse des Eigenthümers gar keine Berücksichtigung zu schenken (S. 267); das Eigenthum ist ja rein subjectiv! Für noch gefährlicher halte ich endlich den Satz, daß bei neuen Industriezweigen nicht einmal das objective Interesse berücksichtigt werden soll. Eine Correctur wird aber dieser Satz der Motive darin finden, daß der Richter immer zu beurtheilen hat, ob eine **erhebliche** Beeinträchtigung vorliegt.

Der Schlußsatz S. 268 kann den verletzten Eigenthümer wenig trösten, denn m. E. hat nicht er Schutzwände gegen Rauch und Ruß zu errichten, sondern der Fabrikherr hat dafür zu sorgen, daß er seine Nachbarn nicht beschädigt.

Werden die vorgeschlagenen Normen geltendes Recht, so wird die **Polizeigesetzgebung** dem Eigenthümer den nöthigen Schutz gegen eine rücksichtslose Industrie verleihen, nachdem ihn die Gesetzgebung des Civilrechts in der Anwendung der actio negatoria unbillig beschränkt hat. Da aber die Polizei ihre Augen nicht überall haben kann, wird **sich der Nichtindustrielle oft als benachtheiligtes Stiefkind der modernen Gesetzgebung fühlen!** —

# IV.
## Das Bienenrecht.

### § 1.
#### Römisches Bienenrecht.

I. Das Römische Recht betrachtet die Bienen als wilde Thiere. Ihr Eigenthum wird durch Occupation erworben, durch die Flucht der Thiere verloren. Aber in richtiger Erkennung des Umstandes, daß die Bienenzucht nicht völlig dem Halten wilder Thiere gleicht und die Biene sozusagen sich dem zahmen Hausthier nähert, hat das Römische Recht seine Sätze hier modificirt. So lange die zahmen Bienen die consuetudo revertendi besitzen, gehören sie dem Eigenthümer des Stockes: quidam recte putant, columbas quoque, quae ab aedificiis nostris volant, item apes, quae ex alveis nostris evolant, et secundum consuetudinem redeunt, a nobis possideri (l. 3 § 16 D. 41, 2).

Wenn aber der ganze Schwarm seinen Sitz verläßt und sich auf fremdem Gebiet festsetzt, und die Bienen nicht mehr zum alten Stock, sondern zur neuen Residenz ihrer Königin zurückkehren, also von der consuetudo revertendi keine Rede ist, tritt im Interesse des Bienenzüchters eine Modification des Rechts ein. Der Eigenthümer darf den entflohenen Bienenschwarm verfolgen, so lange er ihn sieht und die Verfolgung nicht der Schwierigkeit wegen aufgeben muß. Im letzteren Falle wird der Schwarm durch Occupation Eigenthum des Grundherrn. Die einschlagende Stelle lautet: Examen, quod ex alveo nostro evolaverit, eousque nostrum esse intelligitur, donec in conspectu nostro est, nec difficilis eius persecutio est, alioquin occupantis fit (l. 5 § 4 D. 41, 1). Ich bin nicht der Ansicht, daß das „difficilis" schon vorliegt, wenn die Bienen auf ein fremdes Gebiet fliegen, es ist damit kein rechtliches Hinderniß gemeint, sondern dem Zusammenhange nach ein thatsächliches. Die schwierige Verfolgung entspricht dem Verschwinden aus dem Gesichtskreis. So lange Beides nicht vorliegt, darf der Eigenthümer der Bienen diese auf fremden Boden verfolgen, und hat den Grundherrn nur zu entschädigen. Und in der That, wenn man die Bienenzucht gestattet und sie fördern will, so verlangt die Natur der Sache, daß das Recht des Grundeigenthümers insofern zurücktritt, denn man kann eben den Bienen keinen Hirten bestellen. Was die Casuistik betrifft, so muß der Eigenthümer in der Lage sein, sein Eigenthumsrecht ohne allzugroße Schwierigkeit wieder herzustellen. Dazu ist keineswegs nöthig, wie Einzelne annehmen, daß wir bei der Flucht zur Stelle sind. So lange wir beweisen können, daß ein Schwarm entflohen, so lange wir sehen, wohin er entflohen, so lange wir ihn ohne Schwierigkeit wieder holen können, bleibt er unser Eigenthum. Der fremde Grundeigenthümer hat kein Recht, das Wiederholen der Bienen zu hindern, er kann nur kraft seines Eigenthumsrechts hindern, daß ein Anderer sein Grundstück betritt, um herrenlose Bienen zu occupiren: poterit eum jure probibere, ne ingrediatur (l. 5 § 3 D. 41, 1). Hat er den Schwarm occupirt, nachdem wir ihn aus dem Gesicht verloren haben, dann tritt ein thatsächliches Hinderniß, eine difficilis persecutio ein, es tritt aber hier auch im Gegensatz zu dem aus dem Grundeigenthum folgenden Recht ein aus der Occupation selbst folgendes Recht dem früheren Eigenthümer entgegen, das Recht des zuerst Occupirenden: „si alius apes incluserit, is earum dominus erit" (l. 5 § 3 D. 41, 1).

Der Umstand, daß die Bienen sich auf dem fremden Boden niederlassen, gibt dem Eigenthümer des Bodens noch keinerlei Recht an ihnen: apes, quae in arbore nostra consederint, antequam a nobis alveo concludantur, non magis nostrae intelliguntur, quam volucres, quae in nostra arbore nidum fecerint (l. 5 § 2 D 41, 1). Die Römer motiviren dies mit Recht damit, daß Vieles dazwischen kommen könne, ehe wir die Thiere fangen (§ 1 loc. cit.).

Am „Sperling auf dem Dach" haben wir nach dem Volkssprichwort kein Eigenthum. So lange daher der Besitzer des Mutterstockes nicht thatsächlich die Bienen nicht verfolgen kann, steht ihm kein Recht eines Andern entgegen, wenn bei ihm die genannten Bedingungen vorliegen.

Zu der verschiedenartigen Behandlung der Bienen mag auch der Umstand Veranlassung gegeben haben, daß es sich hier nicht, wie bei den wilden Thieren, um Einfangen eines Stückes handelt, sondern um Vindication einer Sachgesammtheit, die zusammengehalten wird durch eine in jedem Stücke liegende Einheit. Denn hierdurch wird die Vindication bei der thatsächlichen Ausführung ungemein erleichtert, wie jeder Bienenzüchter weiß. Auch der Umstand erleichtert die Vindication, daß die zahme Biene ihren alten Wohnsitz, dahin zurückgebracht, wieder aufsucht, also der Beweis der Identität geführt werden kann, auch selbst wenn der Eigenthümer beim Momente der Flucht nicht zugegen gewesen ist. Die Stellen des corpus juris zeigen von einer zu guten Beobachtung der zahmen Thiere, daß wir nicht annehmen sollten, die Römer hätten auf die Natur der Sache hier volle Rücksicht genommen.

II. Eine andere Frage ist, wie sich der benachbarte Grundbesitzer gegen fremde Bienen schützen kann. Aus der l. 3 § 16 D. 41, 2 folgt, daß er sie, so lange sie noch im Eigenthum sind, nicht fangen noch tödten darf. Auch für den von den Blüthen geraubten Honig hat er keinen Ersatz. Eine Ersatzklage nach Art der Actio de pauperie oder de pastu ist hier so wenig gegeben, als ein Royalspruch. Deßhalb hat die Pfändung, die den Schadensersatz zum Zwecke hat, hier keinen Sinn. Cf. auch Gesterding, Ausbeute VI, 2 S. 167. Der Schade ist aber „nicht für nichts zu nehmen", denn er kann auch ein größerer sein, wenn die Bienen z. B. in einer Zuckerfabrik Zucker rauben, oder wenn sie durch Stich eine Krankheit erzeugen. Es liegt eine Begünstigung der Bienenzucht vor, welche die Natur der Sache befiehlt, weil man die Bienen nicht beaufsichtigen kann. Der Grundbesitzer darf die fremden Bienen weder verbrennen (l. 27 § 12 D. Ad legem Aquiliam) noch mit Rauch betäuben und tödten (l. 49 D. eod.). Er darf nicht die causa mortis setzen, am allerwenigsten, wie Gesterding (loc. cit. S. 170) annimmt, seine Blumen und Blätter mit Gift bestreichen. In der

l. 49 pr. D. Ad l. Aquil. ist durchaus nicht von einer immissio die Rede, sondern von der Erregung des Rauchs auf eignem Boden. Wie aber, sollen die Bienen berechtigte Vagabunden sein, die überall Einflug halten dürfen, von jeder Blume naschen dürfen? Im Römischen Recht ist hier m. E. analog das äbilicische Edict anzuwenden, wonach es verboten war, wilde Thiere an Straßen, quo vulgo iter fit, zu halten. Sie geht gegen den, dem eine Culpa zur Last fällt. Wird dieses Römische „Polizeirechtsmittel" in der rechten Weise ausgelegt, so ist der Schutz gegen die Bienen in Fülle gegeben. Denn danach kann es nicht erlaubt sein, in den Städten Bienen zu halten, weil Bienen überall hinfliegen, quo vulgo iter fit. Auch ist nicht zu übersehen, daß in den Städten die Unterscheidung von fremden zahmen und herrenlosen Bienen unmöglich wird, denn hier kennt Niemand die nachbarlichen Verhältnisse sowie auf dem Dorfe, und man kann es ja der einzelnen Biene nicht ansehen, ob sie herrenlos ist, sondern nur aus der Nähe der Bienenstöcke, von denen man weiß und nach denen sie fliegt, darauf schließen, ob sie im Eigenthum eines Andern steht. Die polizeiliche Fürsorge muß aber auch auf dem Lande die Stände der Stöcke im Voraus ordnen und damit die Conflicte des Nachbarrechtes verringern. Ein Recht auf den Stand eines Stockes ließe sich dann gegen das Verbotsgesetz nicht erwerben. Eine Ersitzung eines Rechtes, die Bienen auf fremdes Land zu senden, ist unmöglich, weil, wie Gesterding richtig sagt, die Bienen nicht auf die Weide geschickt werden, sondern auf eigenes Geheiß ausfliegen, wohin sie wollen.

Mit der Berührung des polizeilichen Gesichtspunktes, der in Rom noch nicht zur vollen Ausbildung kam, sind wir zur Betrachtung des Bienenrechts de lege ferenda gekommen. Daß die oben entwickelten Römischen Rechtssätze auch für das moderne Leben praktisch anwendbar sind, bezeugt u. A. ihre Aufnahme in das Preußische Landrecht (I. 9 § 118 ff.). Hiernach darf Jeder Bienen auf seinem Eigenthum halten.

Zahme Bienenschwärme darf der Eigenthümer des Mutterstockes auch auf fremden Grund und Boden verfolgen und daselbst einfangen, er muß aber dem Eigenthümer des Grundes und Bodens für alle bei solcher Gelegenheit verursachte Beschädigung gerecht werden. Sobald der Eigenthümer des schwärmenden Stockes die Verfolgung gänzlich aufgegeben hat, ist der Eigenthümer des Grundes und Bodens, auf welchem der Schwarm gefunden wird, denselben einzufangen berechtigt. Hieran schließt sich eine polizeiliche Vorschrift, wonach das Rauben der Bienen verhindert werden kann.

Für das künftige Reichsrecht bliebe nur zur empfehlen, die Römischen Normen über das Bienenrecht aufzunehmen, aber die polizeilichen Vorschriften weiter, als das äbilicische Edict und das preußische Landrecht geht, auszudehnen.

Es kann nicht Jedem erlaubt sein, Bienen auf seinem Eigenthum zu halten, denn wenn dies erlaubt ist, muß auch stets dem Nachbar das Recht genommen sein, fremde Bienen zu tödten ꝛc. An verkehrsreichen Orten und in großen Städten muß es daher erlaubt sein, das Bienenhalten polizeilich zu verbieten. Auf dem Lande ist polizeilich nur dafür zu sorgen, daß die Stöcke nicht an den Verkehrsstraßen stehen.

Im Uebrigen muß dort der Flug der Stöcke wie der einzelnen Bienen frei sein, und darf das Eigenthumsrecht nicht verloren gehen, wenn die Bienen fremdes Gebiet berühren. Die kleinen Belästigungen und Beschädigungen sind hier im Interesse der Bienenzucht von Allen zu tragen.

## § 2.
### Das Bienenrecht nach dem Deutschen Entwurfe.

Nach dem Entwurfe wird ein ausgezogener Bienenschwarm herrenlos, wenn der Eigenthümer denselben nicht unverzüglich verfolgt, oder wenn der Eigenthümer die Verfolgung aufgibt oder den Schwarm dergestalt aus dem Gesichte verliert, daß er nicht mehr weiß, wo derselbe sich befindet; § 906. Der Entwurf hat sich darauf beschränkt, den Erwerb und Verlust des Eigenthums von Bienenschwärmen zu regeln, und das Weitere der Polizei überlassen. Meines Erachtens mit Unrecht, denn es ist eine einheitliche Regelung des gesammten Bienenrechts gewünscht und nach den Motiven und ihren Citaten ist dieser Wunsch auch ausgesprochen worden. Die Polizei wird nun aber das Bienenhalten in jedem Lande besonders regeln, und wird darum dem Bienenrecht nach wie vor die Einheit fehlen! — Dagegen ist den Normen, soweit sie gegeben worden sind, m. E. zuzustimmen; so lange die Verfolgung des Schwarmes dauert, ist Besitz und Inhabung und damit das Eigenthum noch nicht definitiv verloren; Motive III. S. 373. Dies liegt in der Natur der Sache; von einer Fristbestimmung ist abzusehen, eben weil dieselbe hier aus der Natur der Sache nicht zu entnehmen ist.

Der Eigenthümer eines ausgezogenen Bienenschwarms kann bei dem Verfolgen des Schwarms fremde Grundstücke betreten und den Schwarm, wo derselbe sich angelegt hat, einfangen. Ist der Schwarm in eine fremde, **nicht besetzte** Bienenwohnung eingezogen, so kann der verfolgende Eigenthümer zum Zwecke der Einfangung die Wohnung öffnen, auch die Waben herausnehmen oder herausbrechen; § 907. Die Gestattung dieser Verfolgung ist ebenfalls durch die **Natur der Sache** geboten, welche sich hier als logische Rechtsquelle erweist. Der Eigenthümer des fremden Grundstücks hat nach § 867 dem Eigenthümer der Bienen die erforderlichen Handlungen zu gestatten, dagegen hat der letztere den aus diesen Handlungen entstandenen Schaden zu ersetzen und eventuell Sicherheit zu leisten. Selbsthülfe ist gemäß den Normen des § 189 gestattet.

Vereinigen sich mehrere ausgezogene Bienenschwärme verschiedener Eigenthümer bei dem Anlegen, so erwerben diejenigen Eigenthümer, welche ihre Schwärme verfolgt haben, an dem eingefangenen Gesammtschwarme das Miteigenthum nach Bruchtheilen; die Antheile bestimmen sich nach der Zahl der verfolgten Schwärme; § 908. Während sonst bei einer derartigen Verbindung sich die Theile des Miteigenthümers nach dem Verhältniß des Werths bestimmen, welchen die einzelnen Sachen zur Zeit der Verbindung hatten (§§ 891, 892), ist hier die Zahl der verfolgten Schwärme und nicht deren Werth maßgebend, weil sich der Werth nach der Natur der Sache kaum beweisen läßt.

Ist ein Bienenschwarm in eine fremde, **besetzte** Bienenwohnung eingezogen, so erstrecken sich das Eigenthum und die sonstigen Rechte an den Bienen, mit welchen die Wohnung besetzt war, auch auf den eingezogenen Schwarm. Das Eigenthum und die sonstigen Rechte, welche an dem letzteren bisher entstanden, erlöschen. Ein Anspruch wegen Bereicherung steht dem bisherigen Berechtigten gegen den neuen

Eigenthümer nicht zu; § 909. Es ist hier die Rede von sogenannten Bettelschwärmen, bei denen nach der Natur der Sache das Ausziehen eine Folge nachlässig betriebener Zucht ist. Wegen dieser verschuldeten Ursache ist eine durchgreifende Norm gegeben und die Bereicherung ausgeschlossen worden.

## V.
## Die Syndicatsklage.

### § 1.
#### Einleitung.

Dem Rechtsforscher, der sich mit den allgemeinen Rechtslehren beschäftigt, muß sich meines Erachtens die Frage aufdrängen, ob nicht diejenigen menschlichen Handlungen, welche das objective Recht verwirklichen helfen, besondere Eigenthümlichkeiten zeigen? Das objective Recht tritt in die Erscheinung im Gesetz und in der Gewohnheit, beiden Quellen verdanken wir die Normen. Nachdem aber die ursprüngliche Quelle der Gewohnheit sehr zurückgedrängt worden ist, und sich der Strom des Rechts in der streng gefaßten und leicht zugänglichen Quelle des Gesetzes ergießt, ist die Verwirklichung des Rechts nicht mehr ein Suchen und Finden des Rechts aus dem mehr unbewußten Rechtsleben, in dem der Finder des Urtheils selbst mit steht, sondern ein **durch Studium und Praxis vorbereitetes Anwenden** des im positiven Gesetze ausgesprochenen Rechtsgedankens auf die Lebensverhältnisse. Damit aber ist das Beurtheilen der streitigen Lebensverhältnisse selbst scheinbar zu einem Rechtsgeschäft geworden. Das Urtel ist nicht mehr ein unbewußtes Schöpfen des Rechts, sondern eine bewußte **Willenserklärung**, dahin gehend, daß etwas Recht sei, es ist insofern scheinbar ein Rechtsgeschäft, denn es ist eine „auf die Hervorbringung eines rechtlichen Erfolgs gerichtete Willenserklärung". (Cf. Windscheid Anm. 1 zu § 69 N. 5 B. I S. 177.) Nach der allgemein angenommenen Definition ist jedoch ein Rechtsgeschäft: „die auf die Entstehung, den Untergang oder die Veränderung von Rechten gerichtete Privatwillenserklärung". Die Willenserklärung des Urtels ist aber darauf gerichtet, das bestehende objective Recht zu vertheilen. Sie ist ferner keine Privatwillenserklärung, sondern die Willenserklärung eines öffentlichen Organs, des Richters. Denn der Privatwille hat wohl die Macht, die Entstehung, den Untergang oder die Veränderung von subjectiven Rechten zu veranlassen, nicht aber darf er nach dem öffentlichen Recht durch ein richterliches Urtheil mit gesetzmäßigem Erfolge Recht vertheilen.

Aus diesem Grunde dürfen wir das Urtheil nicht ein Rechtsgeschäft nennen, ganz abgesehen davon, daß im Uebrigen die rechtlichen Normen, welche für die Privatwillenserklärungen gelten, hier nicht zur Anwendung kommen.

Das Urtel ist eine rechtvertheilende Willenserklärung des vom Staate angestellten Richters.

Der Begriff des Rechtsgeschäftes deckt sich mit dem der Willenserklärung nicht. Die Organe der staatlichen Thätigkeit haben im Namen des Staates ihren Willen zu erklären, ohne daß sie damit etwa einseitige Rechtsgeschäfte eingehen.

§ 2.
**Die rechtvertheilende Natur des Urtheils.**

Das Urtheil ist kein einseitiges Rechtsgeschäft, sondern eine im Namen des Staats ausgesprochene, das objective Recht vertheilende Willenserklärung. Es ist nicht constitutiv, sondern declarativ, der Richter „erkennt" das Recht, er sagt: zwischen den Parteien ist das und das Recht. Für die Richtigkeit dieser Willenserklärung: „ich will, daß das, was zwischen A und B nach dem Gesetze Recht ist, auch im Leben Recht sei", hinter der die Macht der Execution und des Staates steht, wird die Garantie in der juristischen Ausbildung gegeben. Da aber der Richter als Mensch irren kann, wird in den Rechtsmitteln noch eine weitere Garantie dadurch gegeben, daß ein zweiter Richter den Fall noch einmal entscheidet, dem in wichtigen Fällen noch ein Dritter folgen kann. Für die Ehrlichkeit dieser Willenserklärung muß in erster Linie, wenn nicht allein die Integrität des Juristenstandes sorgen, welche in einem gesunden Staate traditionell wird, und zu der die jungen Juristen zu erziehen sind. Die Rechtsprechung hat es mit dem heiligsten menschlichen Gute zu thun, dessen muß sich der Richter bewußt bleiben. „Wenn es keine Gerechtigkeit mehr gibt, dann hat es keinen Zweck mehr, daß Menschen auf Erden leben." (Kant.) Daneben haben die Normen über die Ablehnung des Richters wegen Befangenheit 2c. praktisch eine untergeordnete Bedeutung. Die allgemeine Lehre vom Recht kann gar nicht ideal genug aufgefaßt werden, der Richter ist der Priester des rein Menschlichen, denn der Mensch ist seiner innersten Natur nach ein recht- und staatenbildendes Wesen, beseelt mit sittlichem Geselligkeitstrieb, auf dem die Entwickelung und Cultur der Gesellschaft und mit ihr die des Einzelnen ruht. Dies zu erkennen, ist Aufgabe der Rechtsphilosophie, danach zu handeln ist Aufgabe des Charakters.

Hierzu kommt, daß sich das Urtheil von andern Willenserklärungen dadurch unterscheidet, daß sein Inhalt durch die Praxis, das ist durch die unbewußte Macht der Gewohnheit, selbst wieder objectives Recht werden kann. Wohl ist auch auf diesem Gebiete die Gewohnheit zurückgetreten und hat sich die Kritik in den Vordergrund gestellt, wir beugen uns nicht mehr ohne Weiteres bewußt vor der Macht gleichartiger Vorerkenntnisse, sondern prüfen dieselben auf ihre Richtigkeit. Allein wenn einmal ein durch die Vorerkenntnisse angeregter Rechtsgedanke, ein Princip, sich Bahn gebrochen hat, dann äußert sich in den späteren Fällen die Macht der Gewohnheit doch. Und nicht zu unterschätzen ist das berechtigte Gefühl, daß man gleiche Fälle gleich entschieden zu sehen wünscht. Der Wille des Rechts entspringt ja nicht einem naturwissenschaftlichen Forschen oder einem philosophischen Erkennen, sondern ist nichts als Wille, der sich nach einer rein logischen Arbeit im Urtel ausspricht, mit der der Geist das historische Gesetz bearbeitet. Und eben weil das Recht und sein Wille diese historische Grundlage hat, werden gleichlautende Urtheile schließlich selbst wieder Rechtsnorm und damit objectiver Wille, dem sich der subjective Wille des Richters unbewußt unterwirft. Die Praxis des Reichsgerichts zeigt uns deutlich diesen Einfluß, den keine Dogmatik widerlegt, weil sie ihn nicht wegleugnen kann, nur darf sie nicht „Juristenrecht" werden!

Demnach könnte es scheinen, als ob das richterliche Urtheil so hoch stünde, daß aus demselben entsprungener Schade nur durch Rechtsmittel, nie aber durch eine Klage gegen den Richter geheilt werden könnte.

Und in der That glaube ich die Meinung vertreten zu dürfen, — wie ich später entwickeln werde — daß in den Fällen, wo es sich um wirkliche Rechtsprechung handelt, die Haftung des Richters wegen Versehen ausgeschlossen ist. Dafür, daß ein Richter richtig Recht spricht, muß es ganz andere Garantieen geben, als die Schadensklage sie bietet. Und mit der Würde des Gerichtshofes ist es nicht vereinbar, daß die Partei eines falsch angewandten Paragraphen wegen die Richter verklagt. Es müßten ja wegen dieses angeblichen Versehens wieder Richter entscheiden, und wenn sich diese von dem Rechte der Partei nicht überzeugen — wer hat Recht? Man muß meines Erachtens daran festhalten, daß der Richter das Recht im Namen des Königs „erkennt", und daß sich derjenige, der seine Entscheidung anruft, dem juristischen Urteile auch unterwirft.

Ganz anders steht es mit dem Vorsatze des Richters, das Recht zu verletzen. Der Richter hat eine Amtspflicht zu erfüllen und einen Eid zu leisten, daß er das Recht nach bestem Wissen anwenden will, eben als Recht, d. h. Niemandem zu Liebe und Niemandem zu Leide. Verletzt er vorsätzlich diese Pflicht, so übt er ein doppeltes Unrecht, er wandelt sich in sein Gegentheil um, er bricht das Vertrauen und schadet da, wo er helfen soll, wie der Ueberläufer, wie der betrügerische Anwalt, wie der bestochene Arzt. Er aber ist strafbarer als alle andern Verräther, denn er bricht sozusagen das Vertrauen der Menschheit selbst, die verzweifeln und untergehen müßte, wenn sie kein Recht fände; er vernichtet das Fundament der sittlichen Welt. Und darum treffen ihn harte, schwere Strafen; mildernde Umstände sind hier gar nicht denkbar.

Selbstverständlich muß er für seinen verbrecherischen dolus auch civilrechtlich vollen Ersatz leisten; das ist auch niemals bestritten worden. Sehr bestritten aber ist die Frage nach der Haftung des Richters für die culpa, aus dem Grunde, weil, wie ich oben angeführt habe, das richterliche Urtheil eine ganz andere Natur hat, als alle andern menschlichen Willenserklärungen. Diese Controverse zu entscheiden, bleibt vom Standpunkte des Pandektenrechts aus hier allein übrig.

## § 3.
### Die Haftung des Richters für culpa.

Unstreitig ist, daß das Römische Recht die Klage wegen dolus und wegen imprudentia des Richters gibt. Ebenso unstreitig ist aber auch, daß die Römischen Stellen durch den K.G.O. von 1555 aufgehoben sind; ob die Syndicatsklage auf den Fall der Arglist beschränkt worden ist, oder ob sie bei culpa lata statt hat, ist dagegen sehr streitig.

Das eine ist gewiß, daß Deutsche Gewohnheit und Deutsches Rechtsgefühl annehmen, daß der Richter für imprudentia nicht hafte. Eben darum glaube ich auch, daß man nun nicht mit Windscheid wieder auf den mensor des Römischen Rechts zurückgehen darf, weil eben der Deutsche Richter seine eigene Stellung haben sollte; wir können darum auch unsere Lehre gar nicht mehr durch Römische Stellen stützen.

Es fragt sich lediglich, wie hat sich die Deutsche Rechtsansicht ausgebildet? Es ist zu behaupten, daß der Richter wegen Unkenntniß oder Fehlern im Rechtsprechen wegen culpa heute nie mehr haftet, sondern nur wegen dolus. Und hierfür kann man sich lediglich auf das Rechtsgefühl und den usus der Gerichte berufen, darf sich aber auch darauf berufen!

Im Einzelnen ist Folgendes zu bemerken. Nach Römischem Rechte kommen vor allen folgende Stellen in Betracht: l. 15 § 1 D. 5, 1; judex tunc litem suam facere intelligitur, quum dolo malo in fraudem legis sententiam dixerit. Dolo malo autem videtur hoc facere, si evidens arguatur ejus vel gratia, vel inimicitia, vel etiam sordes, ut veram aestimationem litis praestare cogatur. Ferner l. 2 c. vct. 7, 49: de eo qui pretio depravatur aut gratia perquam iudicaverit, ei vindicta, quem laeserit, non solum existimationis dispensis sed etiam litis discriminis praebeatur. Nach diesen Stellen scheint es, als ob nur bei dolus der Richter hafte. Allein daneben sind zu beachten l. 5 § 4 Dig. 44, 7: si judex litem suam fecerit, non ex maleficio obligatus videtur; sed quia neque ex contractu obligatus est, et utique peccasse aliquid intelligitur, licet per imprudentiam, ideo videtur quasi ex maleficio teneri. So schlecht es sich ausnimmt, daß die imprudentia mit dem Delict verglichen wird, und so leicht es möglich ist, daß mit dem licet ein unechtes Einschiebsel beginnt, läßt sich nach dem Stande der Quellen die Haftung für imprudentia nicht leugnen. Ja die gleichlautende l. 6 D. 50, 13 scheint uns die Zweifel an der Echtheit des licet benehmen zu müssen. Und er schwindet, wenn wir die Stelle init. Inst. 4, 5 lesen. Der Richter soll nicht eigentlich aus einem Delicte haften. Ist's denn aber nicht ein echtes Delict, wenn der Richter dolos falsch entscheidet? Die eigenthümliche rechtvertheilende Natur des Urtels ist es auch im Römischen Rechte, welche hier zur Quasitheorie führt; man fühlte, daß hier noch ein anderes Moment Platz greift, das doppelte Unrecht des rechtvertheilenden Richters, der elendeste Verrath. Eben darum bricht auch hier die uralte Talion wieder durch das Culturleben durch; der Richter soll zudem mit gleichem Maße in gleichem Falle gemessen werden. Unserer Anschauung entgegen nahm man aber an, daß auch in der Unterlassung des Fleißes und der Ausbildung, der imprudentia, im Zusammenhange mit der vorangehenden Handlung der Uebernahme des Richteramtes nach dem Gesetze der Causalität ein Verrath vorhanden sei.

Nach Deutschem Recht ist nun die Syndicatsklage durch die K.G.O. von 1555 nur im Falle des dolus gegeben. Die Worte „oder andere dergleichen Ursachen" sind nicht von der culpa lata zu verstehen, dem die culpa lata ist nicht eine gleiche Ursache wie der dolus. Windscheid meint, gerade in unserm Falle stehe die culpa lata dem dolus gleich, weil es bei der Lehre von der Haftung des mensors heiße: „lata culpa dolo comparabitur". (Pand. II. § 470 Anm. 1.) Allein wir stellen heute den Richter nicht mehr neben den mensor, und die rechtvertheilende Natur des Urtels scheidet seine Abfassung von jeder andern Leistung! Ueberdies entspricht es auch einem heutigen Deutschen Gewohnheitsrechte, daß der Richter nur für dolus haftet. Den Grund dafür suchte man irrigerweise in der Schwierigkeit der Urtelsfällung. Cf. Sintenis 2 S. 777 f.

Die Praxis war sich aber stets in dem Resultate klar, daß Haftung für Negligenz oder Imprudenz in der Rechtsprechung ausgeschlossen sei. (Heffter, System des Civilprozeßrechts S. 99 Anm. 217.) Die rechtvertheilende und rechtschaffende Natur des Urtels verlangt, daß man daran festhält, daß der Richter das sonst ja nicht greifbare praktische Recht „erkennt". Gegen seinen Spruch gibt es Rechtsmittel. Die Garantie für Fleiß und Tüchtigkeit der Richter muß deren Ausbildung geben; eine Schadensklage wegen imprudentia oder culpa lata gibt es gegen den rechtsprechenden Richter nicht.

Dagegen haftet der Richter bei seinen außerhalb der Rechtsprechung liegenden Thätigkeiten wie jeder Beamte für omnis culpa.

Es haftet der einzelne Richter, der die Thätigkeit vorgenommen hat.

### § 4.
#### Der Standpunkt des Entwurfs.

Der Entwurf für das neue Gesetzbuch bestimmt: „Ein Beamter, welcher bei der ihm obliegenden Leitung oder Entscheidung einer Rechtssache seine Amtspflicht verletzt, ist für den hieraus entstandenen Schaden nur dann verantwortlich, wenn die Pflichtverletzung mit einer im Wege des gerichtlichen Strafverfahrens zu verhängenden öffentlichen Strafe bedroht ist." (§ 736).

Die Motive meinen, daß sich die Haftung des Spruchrichters für culpa nicht mit der zur Aufrechterhaltung der Rechtsordnung unentbehrlichen Unabhängigkeit der Gerichte vertrage. Diese Haftung raube dem Richter die zur Ausübung des Richteramtes nöthige Unbefangenheit und mache ihn zu dieser Ausübung ungeeignet. Darum dürfe auch der Vorwurf einer groben Fahrlässigkeit zur Begründung der Ersatzpflicht nicht zugelassen werden.

Diese Begründung ist keine, denn theils ist die Befürchtung unrichtig, dann aber ist dieselbe auch kein Grund für eine so abnorme Ausnahme. Ich habe eine tiefere Begründung zu geben versucht.

# VI.
## Das Recht der Thiere.

**I. Beleuchtung des richtigen Verhältnisses zwischen Thier und Mensch in sittlicher Beziehung.**

§ 1.

**A. Der Standpunkt der positiven Religionen und deren Bedeutung für das Recht.**

Die Vorschriften der Sittlichkeit können zunächst rein historisch den verschiedenen Religionen entnommen werden. Von den in unserem Staate anerkannten Religionen gebietet sowohl die jüdische wie die christliche einen Schutz der Thiere und ein Mitleid mit denselben.

Ich erinnere, was die erstere betrifft, an den Satz: Der Gerechte erbarmt sich seines Viehes; die letztere aber dehnt ihre weltumfassende Liebe und ihr Erbarmen selbstverständlich auf alle Geschöpfe Gottes aus, wenn auch zuzugeben ist, daß, in Folge ihrer Ziele, die Thierwelt hinter den Menschen zurücktritt.

Indessen bedarf es an dieser Stelle keines weiteren Eingehens auf diese Lehren, weil Religionsvorschriften eben um der Verschiedenheit der Religionen willen und um des verschiedenen Standpunktes willen, welchen die Einzelnen zu ihnen einnehmen, nicht ohne Weiteres Rechtsnormen werden können. Diesen Religionsanschauungen gegenüber könnte der Gesetzgeber immer nur so weit kommen, daß er die Thierquälerei um des verletzten sittlichen Gefühls anderer Mitmenschen willen bestrafte, dann aber wäre immer von keinem Recht der Thiere die Rede, welches wir zu entwickeln gedenken, sondern von einem Recht der Menschen, welche verlangen können, daß ihrem Gefühle den Thieren gegenüber kein Aergerniß gegeben werde.

Demnach ist die Aufnahme des Thierschutzes in unsere Staatsreligionen, auch abgesehen von der hohen Bedeutung derselben, für das Recht von größter Wichtigkeit, wenn es auch nur um der Religionen willen kein Recht der Thiere schaffen könnte.

Das Recht hat allgemeine, alle Staatsbürger bindende Normen aufzustellen. Wenn es nun vom allgemeinen sittlichen Standpunkte aus dazu käme, ein Recht der Thiere zu schaffen, während etwa die Religion dasselbe nicht anerkennen könnte, so würde bei einem Theil der Staatsbürger ein Conflict zwischen Religion und Recht entstehen, der zu meiden wäre, während im umgekehrten Falle die Rechtsnorm in der Religion ihre starke Stütze findet.

§ 2.
**B. Der Standpunkt der Philosophie und dessen Bedeutung für das Recht.**

Die Normen der Sittlichkeit können ferner aus einem der herrschenden Systeme der Philosophie entnommen werden. Da das Recht zwar seinen Stoff der Geschichte entnimmt, aber die Formulirung seiner Begriffe nur der Philosophie entnehmen kann, so muß die Philosophie den größten Einfluß auf die Grundbegriffe des Rechts üben, und es vermögen, z. B. den Schutz der Thiere um **ihrer selbst** willen zu verlangen, auch wenn derselbe in der Geschichte des Rechts noch nicht gegeben ist.

Es mag zwischen dem Fehlen des Schutzes des Thieres um seiner selbst willen in der gegenwärtigen Gesetzgebung darum ein Zusammenhang mit der einflußreichen Philosophie Kants bestehen, welcher ein Recht der Thiere nicht anerkannte. Derselbe sagt: Das rechtliche Verhältniß des Menschen zu Wesen, die weder Recht noch Pflicht haben, fehlt, denn das sind vernunftlose Wesen, die weder uns verbinden, noch von welchen wir können verbunden werden; cf. Metaphysik der Sitten, S. 44 bei Kirchmann.

Daran ist so viel richtig, daß von **privatrechtlichen** Beziehungen zwischen Mensch und Thier keine Rede sein kann, weil das Thier nicht reden kann, weil es seinen Willen nicht ausdrücken und dann vernunftgemäß im Verkehr danach handeln kann, weil es ferner, wie später gezeigt werden soll, keinen sittlichen Geselligkeitstrieb hat.

Privatrechte bestehen nach religiöser, philosophischer und gemeiner Anschauung nur zwischen Menschen. Kant übersieht aber, daß aus diesem Fehlen des privatrechtlichen Verhältnisses durchaus nicht folgt, daß wir dem Thiere um seiner selbst willen kein Recht auf Schutz geben müssen. Denn das öffentliche Recht reicht weiter als das Privatrecht.

Dagegen begründet der Philosoph Schopenhauer, welcher unbestreitbar auf die moderne Welt von großem Einflusse ist, die Pflichten gegen die Thiere in seinen „beiden Grundproblemen der Ethik". Er kennt drei Triebfedern der menschlichen Handlungen: den Egoismus, welcher das eigne Wohl will, die Bosheit, welche das fremde Wehe will, das Mitleid, welches das fremde Wohl will. (Seite 210.)

Er behauptet dann, daß das Mitleid, als die einzige nicht egoistische, auch die alleinige echt moralische Triebfeder sei. Die metaphysische Basis dieser Ethik, welche in dem Werke „Die Welt als Wille und Vorstellung" gegeben ist, besteht darin, daß das eine Individuum im andern unmittelbar sich selbst, sein eignes, wahres Wesen wiedererkennt. „Mein wahres, inneres Wesen existirt in jedem Lebenden so unmittelbar, wie es in meinem Selbstbewußtsein sich nur mir selber kundgibt."

Diese Erkenntniß, für welche im Sanskrit die Formel tat-twam asi, d. h. „dies bist du", der stehende Ausdruck ist, ist es, die als Mitleid hervorbricht, auf welcher daher alle echte, d. h. uneigennützige Tugend beruht und deren realer Ausdruck jede gute That ist. (Grundprobl. der Ethik S. 271.)

Schopenhauer sagt in Bezug auf unser Thema: „Die von mir aufgestellte moralische Triebfeder bewährt sich als die echte ferner dadurch, daß sie auch die Thiere in ihren Schutz nimmt, für welche in den anderen europäischen Moralsystemen so unverantwortlich schlecht gesorgt ist. Die vermeinte Rechtlosigkeit der Thiere, der Wahn, daß unser Handeln gegen sie ohne moralische Bedeutung sei, oder, wie es in der Sprache jener Moral heißt, daß es gegen

Thiere keine Pflichten gebe, ist geradezu eine empörende Roheit und Barbarei." (S. 238 loc. cit.)

Schopenhauer tritt dann mit warmem Herzen und mit einer ihn ehrenden Begeisterung für die Pflichten gegen die Thiere ein, indem er hervorhebt, „daß das Wesentliche im Thiere und im Menschen dasselbe ist und das, was beide unterscheidet, nicht im Primären, im Kerne beider Erscheinungen liegt, als welcher in der einen wie in der andern der Wille des Individuums ist, sondern allein im Secundären, im Intellect, im Grad der Erkenntnißkraft, welcher beim Menschen durch die Vernunft ein ungleich höherer ist."

Es ließe sich nun sagen, daß auch diese Philosophie ein System sei, welches nicht Gesetzesnormen schaffen könne, da nicht Alle ihm anhängen. Und in der That hat ja die Ansicht, daß Kants „Ding an sich" der „Wille" sei, welcher in Allem dasselbe sei, viele Gegner, da Viele das „Ding an sich" für unerkennbar halten.

Immerhin ist aber diese Philosophie von größtem Einflusse auf die modernen Anschauungen gewesen, und findet darum im Staat, der die Thiere um ihrer selbst willen schützt, in ihren Anhängern Freunde.

§ 3.

**C. Die sittliche Anschauung des gegenwärtigen alltäglichen Lebens und deren Bedeutung für das Recht.**

Wir brauchen nicht mehr in England nach Thierschutzvereinen zu suchen, wie es seiner Zeit Schopenhauer thun mußte (S. 243 f. loc. cit.), sondern wir finden mitten in unserm Vaterlande eine große Anzahl von Vereinen, welche es sich zum Principe machen, die Thiere um ihrer selbst willen zu schützen. Indem diese Vereine ihre Thätigkeit entwickeln, legen sie Zeugniß davon ab, daß das Deutsche Volk jetzt von der sittlichen Anschauung ausgeht, daß die Thiere um ihrer selbst willen von der Gesetzgebung in Schutz zu nehmen sind. Es bedurfte ja auch nicht der Schopenhauerschen Philosophie, um die Nation erkennen zu lassen, daß das Thier mit uns den **Willen**, vor Allem aber das **Gefühl des Schmerzes und der Lust theilt.**

Und das jeder Brust, allerdings im letzten Grunde aus metaphysischen Geheimnissen, innewohnende Mitleid muß auf einer höhern Culturstufe sich gerade den Wesen gegenüber regen, welche die schutzlosesten und ärmsten von allen sind. Und so kann der Alltagsmensch unserer Tage aus seinem natürlichen Gefühl heraus den Satz Schopenhauers unterschreiben: „Mitleid mit den Thieren hängt mit der Güte des Charakters so genau zusammen, daß man zuversichtlich behaupten darf, wer gegen Thiere grausam ist, könne kein guter Mensch sein." (loc. cit. S. 242.)

Diese gemeine Meinung unserer Tage ist es einzig und allein, welche den Staat veranlassen muß, das sittliche Verhältniß zwischen Mensch und Thier heutzutage zu unterstützen und das rechtliche zu normiren!

Und dies um so mehr, als diese moderne Rechtsanschauung von der religiösen und von der philosophischen Anschauung unserer Tage unterstützt wird.

Um auf die erstere an dieser Stelle noch einmal zurückzukommen, so sind die Angriffe Schopenhauers auf das Judenthum und auf das Christenthum in dieser Hinsicht ganz und gar aus der Luft gegriffen (S. 240 loc. cit. bis S. 242). Das Judenthum befiehlt dem Gerechten, sich seines Viehes zu erbarmen, es verbietet, dem dreschenden Ochsen das Maul zu verbinden. Das Christenthum gebietet, am Sabbath den Ochsen aus dem Brunnen zu ziehen, es spricht von den Hündlein am Tische des Herrn und vor Allem betont es das Seufzen der Creatur. Beide Religionen aber sehen auch im Thiere dasselbe was im Menschen ist, auch im Kern einen Willen, aber keinen unbewußten Willen, sondern den Willen Gottes, beide Religionen achten im Thiere Gottes Geschöpf; für den Gottesbegriff aber bleibt bei Schopenhauer, im Gegensatz zu Kant, kein Raum.

Die sittliche Anschauung unserer Zeit muß nun zunächst den Staat veranlassen, die sittlichen Bestrebungen der Gegenwart zu unterstützen, dann aber, den Thierschutz durch Gesetz zu regeln, denn der Staat hat alle Zwecke des öffentlichen Lebens zu verwirklichen.

## § 4.

**D. Die Verwirklichung der sittlichen Anschauung unserer Zeit über den Thierschutz im Staate außerhalb des Rechtsgebietes.**

Der Staat hat vermöge seiner allumfassenden Pflicht, alle Zwecke des öffentlichen Lebens zu verwirklichen, die Pflicht, den Zweck des Thierschutzes, wie sich derselbe jetzt im öffentlichen Leben äußert, zu unterstützen.

Zunächst hat er darauf zu sehen, daß die Schule bei der Kindererziehung den Kindern über das rechte Verhältniß zwischen Mensch und Thier die rechten Begriffe beibringt. Der Mensch ist seiner Anlage nach ein Product der Erziehung, und darum muß ihm der Grundsatz, daß das Thier zu schützen ist, anerzogen werden. Ein rechter Lehrer wird das Kind aber nicht nur zum Schutze des Thieres, sondern auch zur Liebe zum Thier anspornen, wenn er das Herz auf dem rechten Fleck hat. In dieser Beziehung ist noch viel zu thun. Es ist mehr auf das Leben der Thiere hinzuweisen, als auf ein Sammeln von todten Käfern und Schmetterlingen, welches oft zur Thierquälerei führt. Das Kind muß dazu erzogen werden, im Thier kein bloßes Object, sondern ein Lebewesen zu sehen, welches des Menschen Schutz und Liebe verdient. Dem Erwachsenen gegenüber hat der Staat allerdings nur zunächst in der Form des Gesetzes sich zu erklären, und von diesem haben wir hier noch nicht zu sprechen. Davon abgesehen hat aber der Staat von Staatswegen die Thierschutzvereine zu unterstützen. Denn diese dienen zur Verwirklichung eines modernen sittlichen Bedürfnisses, dem der Staat kraft seines Berufes seine Hülfe nicht versagen darf. Diese Hülfe zu idealen Zielen muß zum Theil in Bewilligung von Geldmitteln bestehen, und diese staatliche Beihülfe ist durch die Parlamente zu fordern, welche dem Zeitgeist das Wort und den Willen zu verleihen haben, wenn sie's auch leider nicht immer thun.

Schließlich kann nicht unerwähnt bleiben, daß auch die Kirche innerhalb des Staates mehr dem Thierschutz und der Thierliebe das Wort reden sollte. Ich habe in dieser Hinsicht nie von den Kanzeln herab ein Wort gehört, und es wird auch wohl selten gesprochen werden. Und doch hätte gerade die Religion der Liebe alle Veranlassung, sich auch der Thiere anzunehmen, welche im modernen

Leben so viel zu leiden haben. Es fällt nach der christlichen Lehre kein Sperling ohne Gottes Willen vom Dache — nun wohl, dann mögen auch die Prediger dieser Lehre sich doch endlich mehr der Geschöpfe annehmen!

## § 5.
**E. Die Verwirklichung der sittlichen Anschauungen unserer Zeit über das Verhältniß von Mensch zu Thier im Rechte.**

Der Umstand, daß trotz aller sittlichen Begründung des Thierschutzes derselbe im Rechte bisher nur um der Menschen, und nicht um der Thiere selbst willen, Aufnahme gefunden hat, findet seine Erklärung in der falschen Definition des Rechts, welches, nachdem es von Kant zu schematisch, von Hegel zu formal definirt worden, seither von den Theoretikern m. E. irrig definirt worden, von den Praktikern aber meist gar nicht definirt worden ist, weil die gegenwärtige Zeit sich von der Rechtsphilosophie mehr und mehr abwendet. Nach meiner hier nicht näher zu begründenden Auffassung ist nun das Recht:

Die Friedensordnung einer durch die geschichtliche Entwickelung verbundenen Gruppe der Menschheit, zum Zwecke der Erhaltung ihrer selbst in der Gegenwart und der Fortentwickelung in der Zukunft, welche auf dem sittlichen Geselligkeitstriebe des Menschen in der Weise ruht, daß allgemein befehlende Normen in Gewohnheit und Gesetz gegeben werden, zu deren Befolgung wiederum im Friedensinteresse der Rechtstrieb antreibt, die aber auch im Falle der Nichtbefolgung von der herrschenden Gewalt mit civilrechtlichen Folgen, oder im Falle der Uebertretung mit der Folge eines Uebels verbunden werden können.

Die letzte Grundlage dieses Rechts ist weder ein Vertrag noch ein allgemeiner Wille, sondern die innerste Eigenschaft des Menschen als ζωον πολιτικον, der sittliche Geselligkeitstrieb. Daß diesen alle Menschen haben, lehrt uns die Selbstbeobachtung und die Betrachtung aller Nationen der Erde. Der Trieb treibt den Menschen seinem Gebote: „lebe in sittlicher Geselligkeit!" zu gehorchen, und zwar bewußt wie unbewußt und auf allen Culturstufen. In Folge der vernünftigen und sittlichen Natur des Menschen und seines Culturlebens kann der Rechtstrieb nur ein sittlicher sein, d. h. er muß stets die Gebote der Sittlichkeit, soweit sie sich normiren lassen, im Recht normiren. Diese Forderungen entstehen in der Geschichte, nicht etwa durch einen für alle Nationen geltenden Imperativ; so ist auch die Forderung des Thierschutzes historisch in unserer Nation entstanden und jetzt unbestreitbar da. Da aber das Recht sich nur in Gesetz und Gewohnheit äußert, sind die sittlichen Pflichten nicht ohne Weiteres Recht, sondern können es nur in diesen beiden Formen werden. Der Schutz der Thiere um ihrer selbst willen ist noch nicht Recht geworden, denn es besteht zu diesem Behufe kein Gesetz, und das Gewohnheitsrecht ist als Rechtsquelle für das Strafrecht ausgeschlossen.

Aber eben um dieses Ausschlusses willen muß die Strafgesetzgebung mit den sittlichen Anschauungen des Lebens die engste Fühlung halten, und wo irgend werdendes Recht sich regt, müssen die Parlamente wieder und immer wieder ein neues Gesetz verlangen.

Und so kommen wir zu dem Resultate, daß es jetzt die heilige Pflicht der Parlamente ist, ein Strafgesetz zu fordern, welches die Thiere um ihrer selbst willen in Schutz nimmt, denn bei dem Lebensinstitute der Thierbenutzung ist eine solche Rechtsforderung jetzt in Deutschland eine allgemeine geworden, und muß sich der Reichstag über die Behauptung dieser Allgemeinheit und über ihren Einfluß endlich schlüssig werden.

Indem wir nun zu der Normirung der vorzuschlagenden Rechtsnormen übergehen, haben wir hervorzuheben, daß die Moral, was die active Seite des Thierwillens betrifft, demselben keine Bedeutung zuschreibt. Zu demselben Resultate kommt die Philosophie und zwar aus demselben Grunde. Dem Thiere mangelt die zum Rechtswillen nothwendige Vernunft.

Auch Schopenhauer findet den Unterschied zwischen Mensch und Thier im Intellect, im Grad der Erkenntnißkraft, welcher beim Menschen durch das hinzugekommene Vermögen abstracter Erkenntniß, genannt Vernunft, ein ungleich höherer ist; S. 241 der Grundprobleme der Ethik. — Demnach gibt die Moral dem Rechte keinen Anlaß, eine Schuld der Thiere zu construiren, es gibt nur ein Verschulden gegen die Thiere.

## II. Beleuchtung des richtigen Verhältnisses zwischen Thier und Mensch in rechtlicher Beziehung.

### § 6.
#### A. Das Handeln des Thieres im Rechtsleben. Der Thierwille.

Zwei Beziehungen des Thieres zum Rechtsleben der Menschen sind vorhanden. Das Verhältniß des handelnden Thieres zum Rechtsleben und das Verhältniß des leidenden Thieres zu demselben. Zunächst handelt das Thier ebenso wie der Mensch, denn es theilt mit dem Menschen den Willen. Dieser Wille ist ein motivirter Wille, wie beim Menschen. Aber es fehlt demselben die Kraft, sich durch die Sprache auszudrücken, und wir dürfen auch gar nicht sagen, daß das Thier sprechen würde, wenn es nur könnte, denn diese nur den Menschen gegebene Kraft hat ihre Quelle in der Vernunft, in dem Vermögen abstracter Erkenntniß, das den Thieren fehlt. Dasselbe besitzt nur concrete Erkenntniß; jede Thiersprache könnte nur im Aussprechen der Beziehungen zum Concreten bestehen, und diese drückt das Thier stillschweigend aus, es bittet, es klagt, es freut sich. Da es aber nicht abstrahiren kann, so sind diese Ausdrücke keine Sprache und können sich nie zu derselben bilden.

Wir können es ganz dahingestellt sein lassen, ob Schopenhauer Recht hat, welcher meint, daß das Innerste der Wille ist und daß der Mensch die Vernunft nur einer größeren Entwickelung des Gehirns verdankt, durch welches der Wille hindurchgeht, oder ob die auch von mir getheilte Ansicht richtig ist, daß das Innerste, das „Ding an sich", beim Thier wie beim Menschen kein Wille, sondern unerkennbar ist; darin stimmen alle Ansichten überein, daß der Menschenwille ein vernünftiger, der Thierwille aber nicht ein vernünftiger Wille ist, und daß darum dem Thiere nicht nur die Möglichkeit fehlt, sich am Rechtsleben activ zu betheiligen, sondern daß ihm auch die Berechtigung dazu abgeht.

Im Gebiete des Vertragsrechts ist es darum nie in eines Menschen Sinn gekommen, dem Thiere eine Betheiligung am Rechtsleben zuzugestehen. Dagegen wurde im älteren Rechte angenommen, daß Thiere Verbrechen begehen könnten und darum Strafe verdienten. Ich verweise auf Geib, Strafrecht, B. 2 S. 197 f. So wurde 1266 ein Schwein, das ein Kind gefressen, bei Paris verbrannt, 1386 zu Falaise einem andern um desselben Grundes willen Kopf und Bein abgehauen und es dann gehenkt. Ja die bei Geib citirte Allgem. deutsche Strafrechtszeitung von 1861 (!) sagt: Ein Kampfhahn griff vor Kurzem zu Leeds (England) ein Kind von einem Jahr und sieben Monaten an, und brachte demselben Wunden bei, die den Tod des Kindes und demnächst auch den des Hahnes zur Folge hatten. Denn die den Todesfall untersuchende Jury beschloß, der Hahn müsse sterben, und wohnte der Execution persönlich bei.

Diese Strafen an Thieren erscheinen uns nicht aus dem Grunde **unvernünftig**, weil die Thiere „willensunfähige, unbestimmbare Wesen" wären, wie Geib meint, denn die Thiere haben einen motivirten Willen, weshalb wir sie auch **züchtigen**.

Sie erscheinen uns nur darum **unvernünftig**, weil den Thieren die Vernunft fehlt und sie darum die nur für **vernünftige** Wesen normirte Strafe im öffentlichen Recht unmöglich erleiden dürfen.

Demnach entsteht durch ein Handeln der Thiere für dasselbe im Rechtsleben weder ein Rechtsverhältniß, noch wird dadurch ein strafbares Delict begangen.

Dagegen fragt es sich für das Recht, **wer den Schaden tragen soll**, den Thiere im Rechtsleben anrichten? Ob derselbe stets als Zufall hinzunehmen ist, ob bei durch Menschen verschuldetem Schaden stets der Mensch haftet, ob der Mensch auch für unverschuldeten Thierschaden haftet? Das Römische Recht nennt diese für das Verhältniß zwischen Mensch und Thier so wichtige, wenn auch so oft übersehene Lehre die Lehre von der actio de pauperie, und diese haben wir nunmehr eingehend zu erörtern.

### § 7.
#### Ueberblick über die Literatur.

Obwohl die nachstehende Abhandlung zum letzten Ende **praktische** Zwecke verfolgt, so ist sie doch nur rein historisch zu begründen und muß sich mit der Literatur im Zusammenhang fühlen.

Aus diesem Grunde stelle ich an ihre Stirn eine kurze Kritik der die Lehre behandelnden Schriftsteller.

1) Glück. Von den älteren Autoren hebe ich hier dem Zwecke meiner Uebersicht entsprechend nur Glück hervor, der die anderen älteren Ansichten zugleich kritisirt. Er sagt mit Recht, die Handlung des unvernünftigen Thieres könne den Grund der Verbindlichkeit unmöglich enthalten, und durch die Schuld eines Menschen dürfe auch der Schade nicht veranlaßt worden sein, weil sonst die actio legis Aquiliae etc. anzustellen sei. (Pand. B. X. S. 287 ff.) Er kritisirt dann folgende Ansichten: „Einige (Hübner, Höpfner) erklären sich den Grund dieser Verordnung so, weil es die römischen Gesetzgeber für billig gehalten hätten, daß der Eigenthümer, welcher den Nutzen von dem Thiere zieht, auch den Schaden zu ersetzen schuldig sei, den es thut." Er meint, daß sich aus jenem Grundsatz nicht füglich erklären lasse, warum nur gerade das damnum contra naturam datum ersetzt werden solle. Allerdings bedarf meines Erachtens eine Ansicht, die auf jenen Billigkeitssatz zurückgeht, einer weitgehenderen Begründung, als sie oben angegeben worden ist, es muß erklärt werden, wenn das damnum secundum naturam nicht ersetzt zu werden braucht, und muß ausgeführt werden, daß gerade jener Richtersatz für naturgemäßen Schaden zahmer Thiere in dem Ersatz für unverschuldeten Schaden unbändiger zahmer Thiere sein Aequivalent findet. Wer den Vortheil dieses hat, muß den Nachtheil jenes tragen.

Andere, Pothier, Hommel, Schmidt haben zu den Grundsätzen der stoischen Philosophie ihre Zuflucht genommen. Sie sagen, die Römer hätten nach den Grundsätzen der Stoiker das nur für Unrecht gehalten, was der Natur zuwider ist. Ein Thier habe also Unrecht gethan, wenn es wider seine Natur gehandelt habe. Glück meint, es sei schwerlich zu glauben, daß die Verfasser der Zwölf Tafeln aus stoischen Grundsätzen räsonirt haben sollten. In der That weist meines Erachtens jenes alte Gesetz nicht auf die Philosophie, sondern auf das Recht der Leidenschaft hin, die im Alterthum mehr Berücksichtigung fand.

Darauf hin deuten die Worte: quae lex voluit, aut dari id, quod nocuit, id est, id animal, quod noxiam commisit.

Dazu kommt, daß dann, wenn ein zahmes Thier seinem zahmen,

also unnatürlichen Charakter entgegen in der Unbändigkeit schadet, doch nicht philosophisch von einem contra naturam, sondern von einem Schaden secundum naturam die Rede sein müßte. Noch Andere (Schömann) stellen den Grundsatz auf, die Philosophie des Rechts mache den Bürger unbedingt zur Entschädigung verhaftet, wenn er oder sein Eigenthum die unmittelbare Ursache der Beschädigung seines Mitbürgers sind, um den Zustand der Rechtsgleichheit zu erhalten.

Mit Recht leugnet Glück, daß in den Gesetzen eine solche unbedingte Verantwortlichkeit des Eigenthümers ausgesprochen sei.

Glück theilt die Ansicht von Thibaut und sagt: „Wer ein Thier besitzt, welches contra naturam zu schaden pflegt, sollte es abschaffen oder verwahren, weil Niemand bei einem Rencontre auf dergleichen vorbereitet ist. Thut er es nicht, so ist er im Zweifel in culpa. So kann der rohe Verstand zu den Zeiten der 12 Tafeln sehr gut räsonirt haben und hat es auch wirklich gethan, weil das dringende Bedürfniß und das uncultivirte Billigkeitsgefühl von selbst darauf führen." Allein, daß der Herr im Zweifel in culpa ist, kann nicht der Grund der Klage sein, denn es handelt sich eben nur um ein damnum sine injuria datum, und nirgends steht geschrieben, daß nur bei gewohnheitsmäßig schadenden Thieren der Schaden zu ersetzen sei, bei plötzlich schadenden nicht.

Im letzteren Falle konnte der Herr die Unnatur des Thieres gar nicht erkennen und es nicht aus diesem Grunde abschaffen.

2. Gesterding hat in seiner „Ausbeute von Nachforschungen" die Frage nach dem Ersatz des Schadens, welchen fremde Thiere stiften, eingehend behandelt. (Ausbeute VI. 2.) Zunächst meint er, daß nach natürlichem Rechte, wer Thiere hält, verbunden sei, den Schaden zu ersetzen. Er meint dann, es komme nach der Ansicht des Römischen Rechts darauf an, ob den Thieren Schuld beigemessen werden könne. Der Eigenthümer des verschuldeten Thieres hafte nur, weil er Eigentümer ist. Nicht die fehlerhafte Gewohnheit des Thieres komme in Betracht, sondern der im einzelnen Falle begangene Fehltritt.

Die Betrachtung, daß ein unvernünftiges Thier kein Unrecht begehen könne, gehöre einer späteren Zeit an. Er führt für seine

Anschauung den römischen Satz mit ins Feld, daß beim Kampfe zweier Thiere dasjenige haftet, welches zuerst angefangen hat.

Collidire menschliche Schuld, so halte man sich an den Menschen und sehe über die Verschuldung des Thieres weg.

Dann führt er aus, der Schaden contra und secundum naturam beziehe sich auf Thiere überhaupt, nicht auf zahme Thiere. Ulpian habe in l. 1 § 10 D. h. t. einen starken Mißgriff gethan!

Ist dieser Vorwurf schon höchst bedenklich, so ist es noch bedenklicher, daß Gesterding zu der Behauptung seine Hülfe nehmen muß, daß jeder Schade, den ein zahmes Thier (ungereizt) stifte, contra naturam sei.

Gesterdings Urtheil de lege ferenda lautet dahin, daß das Römische Recht ganz und gar nicht die geringen Ansprüche erfüllt, die man in dieser Materie an eine gute Gesetzgebung machen könne. Seiner Ansicht nach muß der Eigenthümer in allen Fällen den Schaden ersetzen, den seine Thiere gestiftet haben.

Allein die Römer kannten keine Verschuldung der Thiere, wie die Stellen ergeben, auch nicht in früherer Zeit. Und de lege ferenda ist meines Erachtens der Hauptsatz der Römischen Lehre sehr wohl zu verwerthen, wie später gezeigt werden soll.

3. Sintenis (II. S. 791) meint, der mit hineingreifende Gedanke einer Bosheit und Nichtrechtfertigung des Thieres lasse sich freilich nicht consequent festhalten, ohne zu ganz unzulässigen Resultaten zu führen, und es sei denn auch nicht geschehen. (S. 762 A. 29.)

Dennoch sei im Ganzen in den Beispielen auf das innere Motiv und den Trieb zum Schaden Rücksicht genommen. Und so hält denn Sintenis in der Hauptsache doch den Gedanken der Schuld des Thieres fest, die er „Tücken und Unarten" nennt, die als Ausnahmen und nicht als Regel zu bestrafen seien, ein Gedanke, der einem Rechtsvolke, wie es die Römer waren, fern gelegen haben muß und auch nachweisbar fern lag.

4. Unterholzner (Lehre von den Schuldverhältnissen) findet, daß die Klage eine Verschuldung voraussetze, denn wenn auch von einer Zurechnung zur Widerrechtlichkeit nicht die Rede sein könne, so sei doch eine Zurechnung zur Ungezogenheit möglich. Es werde erwartet, daß zahme Thiere in Folge der Zähmung die Wild-

heit ablegten (II. 682). Es gilt gegen ihn dasselbe wie gegen die Vorigen.

5. Vangerow meint, daß „sozusagen eine Culpa des Thieres selbst, das wahre Fundament der actio de pauperie" sei.[1]) Er weist die Ableitung aus einer präsumirten Culpa des Eigenthümers zurück.[2]) Aus dieser Idee lasse sich wohl zur Noth die Unterscheidung zwischen solchen Beschädigungen, die das Thier secundum naturam, und solchen, die es contra naturam sui generis zugefügt, rechtfertigen, indem man nämlich sagen könnte, daß der Eigenthümer nur veranlaßt sei, über sein tückisches und ungezogenes Thier zu wachen, obwohl auch diese Erklärung etwas sehr Gezwungenes und wenig Ansprechendes habe. „Warum aber soll," fährt er fort, „wenn eine Culpa des Eigenthümers das Fundament der Ersatzpflicht wäre, dieser mit der noxae deditio abkommen und nicht unbedingt für den ganzen Schaden haften? Warum soll, wenn das Thier gestorben ist, der ganze Anspruch auf Ersatz wegfallen? und wie endlich wäre mit jener Idee der bekannte Grundsatz: noxa caput sequitur irgend in Einklang zu bringen? Alle diese Sätze erklären sich nur dann wahrhaft befriedigend, und das römische System der Noxalklagen gewinnt nur dann wahre Einheit und innere Consequenz, wenn man von der wirklichen oder präsumtiven Culpa des Eigenthümers ganz absieht, sondern vielmehr davon ausgeht, daß nach der Ansicht des römischen Rechts, sozusagen, eine Culpa des Thieres selbst das wahre Fundament der actio de pauperie ist, und der Eigenthümer nur als der natürliche Schutzherr und Vertreter dieses Delinquenten in Betracht kommt. Ob diese Ansicht auch dem sogenannten Naturrecht angemessen ist, das mag hier dahingestellt bleiben; daß es aber wirklich die Ansicht des Römischen Rechts ist, kann nicht bezweifelt werden, wenn man nur erwägt, daß sich blos daraus, aber auch vollständig daraus die vorher angedeuteten Sätze ableiten lassen, und daß die von Thieren angerichteten Beschädigungen unter ganz gleiche Grundsätze mit den Delicten der Sclaven und Hauskinder gestellt sind. Und sollte noch irgend ein Zweifel übrig sein, so lese man l. 1 § 11 h. t.,

---

[1]) Pandekten III. § 689 Anm. S. 580 ff.
[2]) Diese fand sich bei Thibaut, Glück und Hasse.

denn diese Entscheidung läßt sich doch gewiß nicht anders erklären, als daß die Römer auch bei Thieren eine Art von Imputabilität, also etwas dem Delicte eines Menschen Analoges angenommen haben." Er nennt von diesem Standpunkte aus die Theorie der sog. actio quadrupedaria „im Ganzen sehr einfach", und meint unter Anderem, eben weil der Eigenthümer blos als Vertreter des eigentlichen Delinquenten, nicht wegen eigner culpa in Anspruch genommen werde, sei es billig und recht, daß ihm die Befugniß eingeräumt werde, durch Preisgeben seines Thieres dem an sich nur auf Entschädigung gerichteten Antrage des Klägers auszuweichen.

Allein dem Standpunkte des corpus juris entspricht eine solche Verletzung des obersten Rechtsgrundsatzes, daß das Recht und seine Folgen nur bei den Menschen und für die Menschen da ist, ganz entschieden nicht, und wenn jene ältere Ansicht von der präsumirten Culpa des Eigenthümers „etwas sehr Gezwungenes und wenig Ansprechendes" hat, so hat die Ansicht von der culpa des Thieres ganz entschieden weit größere Fehler. Denn derselbe Ulpian, welcher die von Vangerow betonte (l. 1 § 11 h. t.) Stelle schrieb, schreibt in l. 1 § 3 D. h. t. „pauperies est damnum sine injuria facientis datum, nec enim potest animal injuria fecisse, quod sensu caret. Vom Standpunkte dieser im corpus juris verzeichneten Stelle aus kann unmöglich angenommen werden, daß eine Delictsfähigkeit des Thieres Beifall gefunden habe, im Gegentheil erscheint es ganz unglaublich, daß die Römer einen bissigen Hund für einen „Delinquenten" gehalten haben, dessen Eigenthümer nur als „Vertreter des Delinquenten" in Betracht komme.

6. Rudolph von Jhering spricht in seinem „Schuldmoment im römischen Privatrecht" den Gedanken aus, daß in der ältesten römischen Zeit die Heftigkeit der Reaction gegen erlittenes Unrecht so groß gewesen sei, daß man unter Anderem in der Blindheit der Leidenschaft das Schuldmoment übersehen habe;[1] „selbst Thiere und leblose Sachen haften für den Schaden, den sie angestiftet haben; letztere wenigstens so weit, daß der Verletzte sie retiniren darf, wenn sie in seine Hände gerathen sind, erstere unabhängig

---

[1] loc. cit. Seite 10.

von dieser Voraussetzung, er kann vom Eigenthümer ihre Auslieferung erzwingen, damit er sich an ihnen seines Schadens erhole. Die Voraussetzung, daß das Thier contra naturam sui generis geschadet haben müsse, b. h. die Anwendung der Idee der Verschuldung auf das Verhältniß, gehört schwerlich schon der älteren Zeit an."[1]) Für das älteste Recht entscheide die äußere That als solche, ohne daß ihre Beziehung zum Willen weiter in Betracht komme. Man dürfe diese Ansicht nicht nur auf den Fatalismus mit Luden zurückführen; wenn auch das Mitwirken der auf allen niederen Culturstufen sich wiederholenden fatalistischen Vorstellungsweise nicht zu leugnen sei, so sei es doch mehr das nackte Interesse, welches den Verletzten blind mache gegen die Berücksichtigung der gegnerischen Schuld, als der religiöse Glaube.[2]) Später führt von Jhering mit Recht aus, daß zur Blüthezeit des Römischen Rechts eins der unvergänglichsten Verdienste, welche wir der römischen Jurisprudenz nachrühmen müssen, das gewesen sei, daß es den Gedanken der Schuld auch für das Civilrecht als allbeherrschendes, ethisches Princip aufgestellt habe.[3]) Nicht der Schaden verpflichtet nunmehr zum Schadensersatz, sondern allein die Schuld.[4]) Daraus folgt denn für das classische Recht der Satz: „wer nicht weiß, was er thut, haftet für nichts. Der Wahnsinnige wie das Thier gehen frei aus, es haftet bei den Thieren aber der Herr, wenn ihn eine Schuld trifft, und beim Wahnsinnigen haftet der schuldige Hüter.[5]) Auf Thiere erleidet der Gesichtspunkt der Schuld keine Anwendung; insofern ihren Eigenthümer oder einen andern Menschen eine Schuld trifft, haften letztere." Mit Recht wird die Stelle dafür angeführt: nec enim potest animal injuria fecisse, quod sensu caret.[6]) — Sehr vorsichtig aber geht von Jhering an die Lösung der Frage, woher die Unterscheidung stamme, je nachdem ein Thier secundum oder contra naturam sui generis geschadet habe. Er sagt, „daß dieser Unterschied mit der Idee der

---

[1]) loc. cit. Seite 12.
[2]) loc. cit. Seite 16.
[3]) loc. cit. Seite 20.
[4]) loc. cit. Seite 40.
[5]) loc. cit. Seite 42.
[6]) loc. cit. Seite 43.

Schuld, möge man sie in das Thier oder in den Herrn verlegen, in einem gewissen Zusammenhange steht, ist klar, und eben darum glaube ich nicht, daß das ältere Recht in Verleugnung seines sonstigen Charakters und im Widerspruch mit allen andern auf gleicher Culturstufe befindlichen Rechten des Alterthums sich bereits zu dieser feinen Unterscheidung erhoben habe, erblicke darin vielmehr eine erst durch die spätere Jurisprudenz eingeführte Neuerung. Ob das ursprüngliche Motiv dieses Unterschiedes nicht vielleicht der Gedanke eines dem Thiere zur Schuld anzurechnenden Fehlers gewesen ist, für den consequenter Weise das Thier selbst zu haften habe? Jedenfalls würde es voreilig sein, die von einem der späteren römischen Juristen, dem Ulpian, herrührende Stelle (l. 1 § 3 D. 9, 1) dagegen in die Wagschale zu werfen." Hiermit ist für das moderne Römische Recht nur „ein gewisser Zusammenhang" mit der Idee der Schuld zugegeben, ohne daß derselbe hier aufgeklärt würde. Für das ältere Recht wird eine Schuld des Thieres als möglich hingestellt.

Daß die Stelle l. 1 § 3 D. 9, 1 von einem spätern römischen Juristen, Ulpian, herrührt, spricht nicht dafür, daß das Motiv des Instituts die Schuld des Thieres früher gewesen sein kann. Auch ich bin der Ansicht, daß jene feine Unterscheidung der späteren Jurisprudenz angehört, glaube aber einen ganz andern Grund für sie aufstellen zu müssen, als eine Reminiscenz an die Haftbarkeit der Thiere.

7. Radloff geht mit Recht davon aus, daß die Haftung für die Schuld eines Dritten nur eine ausnahmsweise Bestimmung der Gesetzbücher sei, und zählt hierher unsere Klage, weil den Eigenthümer nicht die geringste Schuld treffe.[1]) Er findet weiter den Grund für solche Bestimmungen mit Recht in der aequitas.[2]) Richtig führt er aus, daß bei der Verletzung des Aedilicischen Edicts der Eigenthümer wegen seiner Schuld hafte.[3]) Aber er irrt darin, daß er Zimmern folgt und annimmt, den Eigenthümer treffe die

---

[1]) Die Haftung des Eigenthümers für den durch Thiere verursachten Schaden nach Römischem Recht. Abhandlung von Dr. W. Radloff, 1883, S. 1.

[2]) Seite 2 loc. cit.

[3]) Seite 58 loc. cit.

Klage nicht wegen eigener Verschuldung, sondern als gezwungenen Defensor des selbst einstehenden caput nocens.¹)

Er gibt zu, daß es eigenthümlich erscheinen möge, daß die Grundsätze der Schuld auch auf Thiere Anwendung fanden, allein er meint auf diese Weise vermeide das Römische Recht allzu große Härten und entspreche es auf jeden Fall den Forderungen der Gerechtigkeit.²)

Endlich versucht er seine Ansicht noch aus einigen Stellen zu begründen, welche direct darauf hinweisen sollen, daß das Römische Recht die Schuld den Thieren ebenso imputire, wie es bei Menschen geschehe. Zunächst nennt er l. 52 § 2 D. 9, 2. Sodann l. 1 § 8 D. 9, 1 und l. 1 § 11 eod. Ich werde bei der Entwickelung meiner Ansicht zeigen, daß diese Stellen durchaus nicht beweisen, daß nach Römischem Rechte dem Thiere eine „gewisse Schuld" beigemessen worden sei. Zudem — was heißt denn „gewisse Schuld"?³) Die zurechenbare Schuld ist entweder vorhanden wie beim Menschen, oder sie ist nicht vorhanden. Ebenso spricht Radloff von Handlungen des Thieres, fügt aber zugleich hinzu, daß der Ausdruck eigentlich auf Thiere nicht passe.⁴) Er scheut sich also selbst vor den Consequenzen.

Dieser Ueberblick wird genügen, um zu zeigen, daß das Grundprincip der Lehre im Allgemeinen in einer Schuld des Thieres gesucht wird, in einem Gedanken, der auch, wenn ihn nicht die Quellenstellen widerlegten, zu einer Widerlegung aus dem Ganzen des Römischen Rechts geradezu herausfordert, und der für das moderne Recht ganz unannehmbar erscheint.

### § 8.
#### Die Stellung der actio de pauperie im Rechtssystem.

Mit Recht stellt Baron unsere Klage unter die Fälle, wo Jemand für Beschädigungen haftet, welche er nicht selbst zugefügt hat.⁵) Zu den Delicten sind diese Fälle nicht zu zählen, denn

---

¹) Seite 79 loc. cit.
²) Seite 86 loc. cit.
³) Seite 88 loc. cit.
⁴) Seite 24 Anm. 42 loc. cit.
⁵) Pand. Seite 250.

Delict ist eine solche positive unerlaubte Handlung, welche eine selbständige Obligation erzeugt, und setzt dolus oder culpa voraus. Dem Urheber muß aus seinem Verhalten ein Vorwurf gemacht werden können, daß ihn eine Schuld trifft. Damit aber, daß man diese Fälle zu den Quasidelicten zählt, ist nichts gewonnen. Windscheid erwähnt mit Recht diese unfruchtbare römische Eintheilung nur beiläufig. Den Ausdruck „Quasi-Contracte" und „Quasi-Delicte" gebraucht er selbst nicht, sondern überläßt ihn den „Neueren"; gegen deren Construction auf diesem Gebiete ich mich verwahre.

Am energischsten geht Baron gegen diese veraltete Eintheilung vor. Er sagt: „Gajus und Justinian bemerken von einigen Obligationen, daß der Schuldner verpflichtet sei, trotzdem er kein Delict begangen, und sie fügen hinzu, daß deshalb (!) seine Verpflichtung quasi ex maleficio entstehe."[1]) In diesem Ausrufungszeichen hinter dem „deshalb" liegt die Verurtheilung der Eintheilung, denn dieses „deshalb" ist unlogisch. „Als brauchbare Begriffe bei der Classification der Entstehungsgründe der Obligationen liefert das Römische Recht nur den Contract und das Delict."[2])

Hierzu kommt aber, daß es nach Römischem Recht gar nicht gestattet ist, diese Fälle zu einem Quasidelict zu gestalten, denn die Römer zählen die Quasidelicte auf. Das gemeinsame Merkmal derselben ist, daß eine menschliche Schuld vorliegt.

Es gehört hierher zuerst die Obligation des iudex qui litem suam facit.

Von diesem heißt es J. 4, 5: „et utique peccasse aliquid intelligitur, licet per imprudentiam", es liegt also eine Schuld vor. Es ist eine große Errungenschaft des Römischen Rechts, daß es in dem Anspruch aus dieser Obligatio keinen Anspruch aus einem Vertrage sah, denn das Amt ist kein Vertrag. Freilich war das Wesen des Amts noch nicht scharf publicistisch erkannt, das Versehen galt noch nicht als Amtsdelict, sondern als imprudentia. Und weil man wegen der imprudentia sonst Niemanden bestraft, galt es als Quasidelict.

Wie aber kommt dieser Anspruch in die vom Verkehr ge-

---

[1]) Pand. Seite 336.
[2]) Pand. Seite 337.

forderten Quasidelicte? Weil auch die Haftung des Richters für die imprudentia der Verkehr forderte. Das ist die römische Begründung der Klage, mag sie auch unsern Anschauungen nicht entsprechen. Sie allein, so wie ich sie gebe, erklärt die Stellung dieser Obligatio im System. Ferner zählt hierher die Obligation desjenigen, welcher mit der actio de effusis et ejectis, und desjenigen, welcher mit der actio de positis et suspensis haftet. Wenn durch Hinauswerfen und Hinausgießen aus einem an gangbarem Orte belegenen Hause oder aus einem Schiffe eine Sache beschädigt wird, so kann der Beschädigte von dem, der das Zimmer oder Haus bewohnt oder benutzt, Schadensersatz fordern. Auch hier liegt menschliche Schuld vor, die Schuld dessen, der etwas hinauswarf (quia plerumque ob alterius culpam tenetur, aut servi, aut liberi). Wenn Jemand an einem Ort, wo die Straße vorüberführt, etwas hinstellt oder aufhängt, was durch seinen Fall Schaden zufügen kann, so stand hierauf eine Geldstrafe, und die Schuld lag eben in der Handlung vor. Endlich gehört hierher das edictum de nautis cauponibus et stabulariis. Schiffer, Gast- und Stallwirthe stehen dem Reisenden für die custodia der Sachen und Waaren. Die Schuld liegt hier auf Seiten der im Schiff oder Gasthaus Angestellten: Si modo ipsius nullum est maleficium, sed alicujus eorum, quorum opera navem et cauponem aut stabulum exerceret.

Es liegt also in allen diesen Fällen eine menschliche Schuld vor, aber nicht bei dem, der für den Schaden aufkommen muß.

Freilich sind die Fälle in dieser Hinsicht verschiedenartig gestaltet. Bei dem Richter wird angenommen „non proprie ex maleficio obligatus videtur," er haftet wegen seiner imprudentia; als Grundprincip steht hinter dem Anspruch aber die Lehre vom Beamtenthum und dessen Pflichten und die Forderung des Verkehrs. Bei der actio de effusis et ejectis heißt es „non proprie ex maleficio obligatus intelligitur." Das Grundprincip seiner Haftung ist die Anforderung des Verkehrs, denn es kommt nicht darauf an, ob er beim Vermiethen 2c. ein Versehen beging. Auch die Schiffer und Wirthe trifft keine Schuld (si modo ipsius est nullum maleficium). Sie haften nach dem Grundprincipe der Anforderung des Verkehrs.

Den römischen Juristen mögen diese Grundprincipien nicht

immer ganz bewußt gewesen sein, weil sie eben überall nach dem Willen oder der Schuld suchten. Der Satz „quod opera malorum hominum uteretur" hat keine Bedeutung, denn es kommt auf eine Schuld beim Anstellen der Leute ja gar nicht an. Auch das Grundprincip der actio de positis et suspensis ist die Anforderung des Verkehrs, welcher Sicherheit verlangt; es kommt hier die Eigenthümlichkeit hinzu, daß noch gar kein Schaden eingetreten, also kein Delict begangen ist, sondern droht. Bei der actio de pauperie liegt nun keine menschliche Schuld vor, und kann dieselbe daher nicht zu den Quasidelicten gezählt werden. Die von den Römern aufgestellten Quasidelicte rufen immerhin insofern noch die Beobachtung wach, daß sie „mehr nach der Seite der Vergehen liegen",[1]) als doch eine menschliche Schuld bei ihnen vorliegt, wenn auch nicht die des Haftenden. Wenn die Römer verkannten, daß die Grundprincipe diese Rechtsinstitute schaffen, so lag der Grund in ihrer subjectiven Rechtsauffassung, die Wille und Schuld nicht missen konnte.

Ich zähle die Quasidelicte und Quasicontracte zu den positiven Instituten, die unabhängig vom Vertrags- und Delictsrecht im Rechtsleben stehen und ein Bollwerk für den Einzelwillen bilden. Ihr Kreis aber ist mit jenen Quasigebilden längst nicht abgeschlossen. Bei allen positiven Instituten gilt es, den Kern aufzusuchen, um den sie sich krystallisirt haben, das Grundprincip bloß zu legen, das sie gestaltet hat. Eine innere Einheit unter einander, wie sie das Vertragsrecht und Delictsrecht bietet, können wir bei ihnen nicht erwarten.

Auch die Römer haben das klar erkannt in einer Stelle, welche hoch über den Quasitheorieen steht und wohl zu wenig betont wird; in l. 1 pr. D. 44, 7:

„Obligationes aut ex contractu nascuntur, aut ex maleficio, aut proprio quodam jure ex variis causarum figuris."

Classisch schön drückt diese Stelle den von mir betonten Gedanken aus. Mit den Worten proprio quodam jure wird betont, daß jedes positive Institut sein eignes Grundprincip besitzt, und mit den Worten ex variis causarum figuris wird angedeutet, daß sich dies aus den verschiedenen Anforderungen des Rechtsverkehrs erklärt,

---

[1]) Windscheid 2 Seite 163.

die neben dem Recht des Vertrags und Delicts noch übrig bleiben. So habe ich denn mit den positiven Instituten nichts Neues geschaffen, sondern lehne mich an eine classische Stelle des corpus juris an.

Wir haben also das Grundprincip der actio de pauperie aufzusuchen, wenn wir die Eigenthümlichkeit des Instituts erklären wollen. Indem andere Autoren den Charakter der Klage übersahen, geriethen sie auf den Abweg, eine Schuld des Herrn oder des Thieres construiren zu wollen. Es wird zunächst unsere Aufgabe sein, zu zeigen, daß eine solche Schuld nicht existirt (negatives Resultat), sodann die wahre Gestalt des Anspruchs darzustellen (positives Resultat).

### § 9.
#### Die angebliche Schuld des Herrn des Thieres.

Schon der Umstand, daß unsere Klage weder als Delictsklage noch als Quasidelictsklage behandelt wird, deutet darauf hin, daß der Anspruch sich nicht auf eine Schuld des Herrn bei der Anschaffung des Thieres oder bei der Aufsicht über das Thier gründet. Auch die Worte „pauperies est damnum sine injuria facientis datum" beweisen, daß man an eine Schuld hier überhaupt nicht denkt. Der Schadensersatz sine injuria kann nicht in der fingirten Schuld des Herrn seinen Grund haben.

Dennoch sind viele Autoren anderer Ansicht gewesen. Unter Andern meint Hasse,[1] weil man nicht in jedem Falle habe prüfen können, ob den Eigenthümer bei der Beaufsichtigung oder Erziehung der Thiere eine Schuld treffe, so habe man dieselbe, wie bei den Quasidelicten, für alle Fälle angenommen und daher in einzelnen Fällen, wo sie nicht vorlag, fingirt.

Allein dagegen spricht der Umstand, daß die Klage unter den Quasidelicten nicht mit aufgezählt wird, und zweitens die Thatsache, daß eine solche Fiction nirgend hier angedeutet wird, wie es bei den Quasidelicten ausdrücklich der Fall ist. Es heißt nirgend, den Herrn trifft keine Schuld, aber es ist anzunehmen, daß er eine Schuld begangen habe.

---

[1] Die Culpa des Römischen Rechts Seite 18 ff.

Das Römische Recht geht über eine Fiction durchaus nicht leise hinweg, sondern weist auf dieselbe gleichsam wie auf einen wunden Punkt des Systems hin, wie ich das bei den Quasidelicten hervorgehoben habe.

Gegen die Annahme eines Quasidelicts spricht ferner der Umstand, daß überhaupt nicht untersucht wird, ob den Herrn eine Schuld trifft, wenn das Thier ohne jede Veranlassung contra naturam schadet. Es heißt „et generaliter haec actio locum habet, quoties contra naturam fera mota pauperiem dedit."

Mit keinem Worte ist davon die Rede, daß nach der Schuld des Herrn beim Ankauf, bei der Erziehung oder der Aufsicht des Thieres gefragt werden solle. Die Gattungsnatur des Thieres ist sozusagen der Charakter des Thieres, der Allen bekannt ist durch die Erfahrung. Wenn das Thier gegen diesen Charakter schadet, haftet der Herr, ganz abgesehen davon, ob er den Charakterfehler (sit venia verbo!) verschuldete.

Beim Ankauf ist von keiner Schuld des Herrn die Rede, Hausthiere — und es handelt sich nur um zahme Thiere, wie ich später beweisen werde — durfte der Herr haben und gebrauchen. Bei der Zucht ist von keiner Schuld die Rede, denn sie wird in l. 1 § 7 D. 9, 1 nicht erwähnt, wo sie hätte erwähnt werden müssen. Auch bei der Aufsicht wird keine Schuld erwähnt. Denn nach den einschlagenden Stellen wird menschliche Schuld nur hervorgehoben:

a) wenn ein Hausthier behandelt wird, wie es nicht hätte behandelt werden dürfen. Quodsi propter loci iniquitatem, aut propter culpam mulionis, aut si plus justo onerata quadrupes in aliquem onus everterit, haec actio cessabit, damnique injuriae agetur (l. 1 § 4 D. 9, 1.)

b) Hierher gehört auch die Stelle „sed etsi canis, quum duceretur ab aliquo, asperitate sua evaserit, et alicui damnum dederit, si contineri firmius ab alio poterit, vel si per eum locum induci non debuit, haec actio cessabit, et tenebitur, qui canem tenebat. Natürlich ist hier von einem gefährlichen Hindernisse die Rede.

Dasselbe gilt von dem Falle, wo Jemand in einen Laden tritt und von einem wilden Hunde gebissen wird, der nicht angelegt war. l. 2 D. 9, 1 in fine.

c) wenn Jemand das Thier gereizt hat. Dieser Fall ist nur eine Abart des Falles sub a, unterscheidet sich aber von diesem dadurch, daß die falsche Behandlung nicht vom Herrn ausgeht. Sed etsi instigatu alterius fera damnum dederit, cessabit haec actio. In beiden Fällen handelt das Thier secundum naturam sui generis, es würde daher Niemand haften, wenn nicht ein Mensch die Schuld für die Schadenszufügung des Thieres trüge.

Anders aber steht es in dem Falle, wo das Thier contra naturam schadet. Die Römer nahmen diesen Fall an, wenn ein zahmes Hausthier ohne Veranlassung in die Wildheit zurückfiel. Allüberall ist es gerade die Wildheit, welche die Stellen betonen.

cf. in Inst. 4, 9: Si quidem lascivia aut fervore aut feritate pauperiem fecerint; ferner § 4 D. 9, 1: Itaque, ut Servius scribit, tunc haec actio locum habet, cum commota feritate nocuit quadrupes, puta si equus calcitrosus calce percusserit, aut bos cornu petere solitus petierit, aut mulae propter nimiam ferociam.

Bei einem Ochsen als Hausthier gilt das Stoßen, bei dem Pferd das Ausschlagen, bei dem Maulthier allzu große Wildheit als eine Eigenschaft contra naturam, wenn es ohne Veranlassung geschieht; hierher gehört auch der Fall, wo Jemand ein Pferd liebkost und dafür mit dem Hufe geschlagen wird, § 7 j. f. D. h. t. Wenn dagegen ein Pferd, durch Schmerz gereizt, ausgeschlagen hat, etwa weil es die Fliegen stechen, so hat die Klage nicht Platz, § 7 D. l. c., offenbar, weil kein Rückfall in die Wildheit vorliegt. Schadet also ein stößiger Ochse durch Stoßen oder ein Schläger von Pferd durch Schlagen, so kommt es nach Römischem Recht (§ 4 loc. cit.) nicht weiter darauf an, ob der Herr an der Zucht des Thieres Schuld trägt, sondern er haftet ohne Weiteres, weil das Thier contra naturam schadete. Er wird aber ebenso haften müssen, wenn ein Thier, das sonst keine Unarten zeigte, plötzlich contra naturam schadet, denn es kommt eben in diesem Falle auf eine Schuld bei der Zucht oder der Aufsicht nach den Quellen gar nicht an. Der Herr muß für den Rückfall der Hausthiere in die Wildheit einstehen.

## § 10.
### Die angebliche Schuld der Thiere.

Die Annahme, daß das Thier durch das Schaden contra naturam etwa ein naturrechtliches Delict begehen könne, wird durch klare Worte des corpus juris für die Zeit der classischen Jurisprudenz ausgeschlossen.

Denn es heißt in § 3 loc. cit.: nec enim potest animal injuria fecisse, quod sensu caret, und in dem Institutionentitel: animalium nomine, quae ratione carent. Nur gewisse menschliche Lebensverhältnisse sind es, von denen das Römische Recht der classischen Zeit sagt, daß sie die Natur alle Geschöpfe gelehrt habe; davon, daß den Thieren eine Schuld anzurechnen sei, daß sie rechtlich zurechnungsfähig seien, steht im corpus juris kein Wort, die Römer wußten damals mehr als ein ander Volk, daß nur der Mensch ein Rechtswesen sei, das Verantwortung trage, und zwar nur der vernünftige Mensch. Die Unterscheidung des Schadens, je nachdem er contra oder secundum naturam erfolgt ist, gehört einer späteren Zeit an und kann auf keinen uralten Rechtssatz zurückgeführt werden.

Nun könnte man aus den Stellen, wo es heißt, daß der Herr des Thieres hafte, das gereizt hat, schließen, daß der Gedanke der Schuld des Thieres in das corpus juris übergegangen sei. Allein das wäre ein übereilter Schluß. Wenn ein Hausthier das andere zum Schaden reizt (l. 1 § 8 D. 9, 1), wenn ein Bock einen Ochsen angreift (§ 11 eod.), so handelt er nach Culturbegriffen über die Hausthiere contra naturam sui generis.

Die Hausthiere nehmen wir im Durchschnitt als so erzogen an, daß sie neben einander zu leben gelernt haben.

Es ist ja allerdings eine bekannte Thatsache, daß unentwickelte Rechte eine Schuld des Thieres annehmen und eine Vergeltung gegen dasselbe zulassen, weniger aus religiösen oder philosophischen Ansichten, als aus dem Grunde, aus dem ein Kind einen Hund oder auch einen Stein schlägt, der ihm wehe thut: aus dem Grund des Vorherrschens der Leidenschaft im Recht.

Ich will nicht die Beispiele Anderer wiederholen, aber ich will auf unsere heutigen wilden Völkerschaften hinweisen, bei denen sich Derartiges findet, ohne daß sie mit der uralten indischen Philo=

sophie Fühlung haben, weil sie eben einfach die Leidenschaft walten lassen. Mit Recht sagt Post, Bausteine I Seite 241 von diesen: „Unzurechnungsfähigkeit und Nothwehr sind gleichgiltig. Auch der Wahnsinnige verfällt der Blutrache. Weiber und Kinder stehen zwar außerhalb der Rechtsordnung, aber ihre Blutsfreunde müssen für ihre Thaten haften, wie sie für einen Schaden haften, der durch ihre Thiere oder auch durch ihnen gehörige leblose Gegenstände angerichtet wird."

Wenn daher auch die Stelle l. 1 § 11 D. 9, 1 von einem der älteren Juristen, Quintus Mucius, herrührt (von Jhering im „Schuldmomente" Seite 43 Anm. 80), so nehme ich doch für das Recht des corpus juris an, daß sie hier nicht eine uralte Lehre weiter trägt, denn auch von Jhering gesteht für die Zeit des corpus juris und seiner Zusammenstellung zu: „auf Thiere erleidet der Gesichtspunkt der Schuld keine Anwendung". Auf die „ursprünglichen Motive" der Gesetzesstellen kommt es mir hier nicht an, ich will nicht das Dunkel der Urzeit hier zu lüften versuchen, nur auf die Zeit der classischen Jurisprudenz kommt es mir an und auf die Motive, die sie hatte, jene Stellen aufzunehmen. Für sie aber gilt Jherings Satz: „Wer nicht weiß, was er thut, haftet für Nichts" (loc. cit. S. 42).

Ganz anders steht es mit der noxalen Natur der Klage. Die Sätze, daß der Eigenthümer sich durch Herausgabe der Thiere befreien kann, daß der jedesmalige Eigenthümer des Thieres haftet, daß mit dem zufälligen Tode des Thieres der Anspruch erlischt, gehören dem uralten Rechte der Noxal-Klagen an, die für andere Gebiete durch Justinian aufgehoben worden sind, hier aber als seltsame und unverständliche Ueberreste einer vergangenen Zeit stehen geblieben sind, denn auch das Römische Recht ist nicht bis zum letzten Ziele geläutert und führt noch mancherlei Schlacken mit sich. Man empfand es aber sehr wohl, daß man hier veraltetes Recht noch aus Scheu conservire, denn es heißt: quae animalia si noxae dedantur, proficiunt reo ad liberationem, quia ita lex duodecim tabularum scripta est.

Mit diesem quia mußte sich der Schüler begnügen, der die Institutionen studirte.

Man gab auch jenem alten Rechte nur so weit Raum, als man

nur den Schaden fordern konnte, der Eigenthümer des Thieres aber sich durch die Preisgabe befreien durfte. Die näheren Ausführungen bleiben einer späteren Stelle vorbehalten. Hier kam es mir nur darauf an, zu zeigen, daß jenes alte Recht in seiner Conservirung im corpus juris weder dazu benutzt werden darf, um die Schuld des Eigenthümers zu widerlegen, die aus andern Gründen nicht anzunehmen ist, noch um die Schuld des Thieres zu beweisen, die nach klaren Stellen nicht existirt. Ich weiche hierin in beiderlei Hinsicht von anderen Autoren ab.

## § 11.
### Das Grundprincip der actio de pauperie.

Bei dem negativen Resultate, daß weder die Schuld des Herrn noch die Schuld des Thieres die Grundlage unserer Klage ist, können wir uns nicht beruhigen. Wo nun sollen wir den Grund der Klage finden, wenn nicht in einem Delict? Im Grundprincipe des positiven Instituts, d. h. des rechtlichen Instituts, das weder im Vertragsrecht noch im Delictsrecht, noch im Familien- oder Erbrecht wurzelt. Die positiven Institute wurzeln weder im Vertragsrecht noch im Delictsrecht, d. h. die Anforderungen des Verkehrs, die Bedürfnisse des Gemeinwesens schaffen sie unabhängig von jenen rein individuellen Willensmomenten. In Folge dieser aus dem gemeinsamen Interesse entnommenen Materie kann man sagen, daß auf sie die aequitas einen großen Einfluß gehabt habe, welche ja die ausgleichende Gerechtigkeit ist. Diese Obligationen „ex variis causarum figuris" sind jede nach ihrem ihr eigenthümlichen Grundprincip, „proprio quodam jure" zu beurtheilen. Wer dieses, den Lebensnerv des Instituts, außer Acht lassen wollte, würde ebenso fehl gehen, wie Jemand, der bei einem Vertrag den Einzelwillen oder bei einem Delict die Schuld außer Acht lassen wollte.

Da, wo die Quellen das Grundprincip selbst andeuten, ist es nicht schwer, es bloßzulegen. So ist bei der negotiorum gestio die utilitas absentis und die utilitas absentium in ihrer Wechselwirkung als Grundprincip nachzuweisen. Schwerer ist die Construction, wo das Grundprincip nicht angedeutet wird.

Und das ist bei unserer Klage der Fall. Das negative Resultat ist in den Quellen gegeben, das positive haben wir aus allgemeinen Gedanken des corpus juris zu entnehmen.

Und zwar haben wir zunächst die Grundlage der Quasidelicte zu beachten, denn diese stehen unserm Institute am nächsten. Da finden wir denn, daß es die Anforderungen des **menschlichen Verkehrs sind**, welche jene Institute geschaffen haben. So liegt der Gedanke nahe, daß auch bei der actio de pauperie eine Forderung des **menschlichen Verkehrs** im Hintergrunde steht. **Und das ist in der That der Fall!**

Wilde Thiere an Verkehrswegen zu halten, war auch in Rom von Polizeiwegen verboten. Dagegen mußte eine Zeit, welche Dampfwagen nicht kannte und daher die Thiere weit mehr als wir zum Fahren und Reiten gebrauchte, eine Zeit, die ferner mit den Liebhabereien der Reichen rechnen mußte, es für **erlaubt** ansehen, **zahme Thiere im Verkehr zu gebrauchen**; aus diesem Grunde war es erklärlich, daß der Herr nicht haftete, wenn ein **zahmes** Thier dem Charakter seiner Gattung entsprechend schadete, wenn ein Hund sich Fleisch holte, das unbewacht dalag, oder ein gereiztes Thier sich wehrte. Dagegen mußte ein Schutz gegeben sein, wenn zahme Thiere in die Wildheit zurückfielen, wenn sie gegen ihre durch die Zähmung erreichte Gattungsnatur schadeten. Es mußte unbillig erscheinen, diesen Schaden rein als Zufall anzusehen, und so kam man aus **Billigkeitsrücksichten** dazu, jenen Satz aufzustellen, wonach der Herr in diesem Falle haftet. Dem Verkehr konnte diese Haftung nicht schaden, denn diese Fälle sind selten und der Verkehr rechnet nur mit dem Regelmäßigen, dem Durchschnittsmäßigen. Die Billigkeit aber forderte folgenden Satz: Wer den Vortheil genießt, ein zahmes Thier zu besitzen und für den Schaden, den dieses seiner Natur gemäß anrichtet, **nicht zu haften**, der soll auch den Nachtheil tragen, daß er für den contra naturam angerichteten Schaden Ersatz leisten muß. Die Haftung für den Schaden contra naturam und die Nichthaftung für den Schaden secundum naturam gleichen sich **billig** aus.

Der einzige Ausweg, auch diesen Schaden der Gesammtheit aufzubürden, wäre die Durchführung des **Versicherungsgedankens** gewesen, aber dieser lag der antiken Welt fern, dann aber ist er bei diesem Institut nicht praktisch durchführbar.

Das Institut auf die aequitas zurückzuführen, widerspricht auch den Resultaten nicht, die Leist durch eingehende Forschung über die Aequität gefunden hat („Die realen Grundlagen und die Stoffe des Rechts" S. 209 ff.). Es liegen hier Fälle der objectiv ausgleichenden Aequität vor. „Soll man das damnum eines Verhältnisses tragen, so muß man auch am lucrum theilnehmen dürfen."

Secundum naturam est commoda cujusque rei eum sequi, quem sequuntur incommoda. Wer den Vortheil des zahmen Thieres hat, soll auch den Nachtheil des Schadens contra naturam tragen. Die aequitas hatte ja gerade auch die Aufgabe, den fehlenden Klageschutz herzustellen (S. 236 l. c.); ja aequum hieß zuweilen legislativ wünschenswerth, zweckmäßig (S. 237).

Das Grundprincip charakterisirt sich also dahin: Für den Schaden, den zahme Thiere ihrer zahmen Natur gemäß anrichten, haftet der Herr nicht; der Schaden muß als Zufall getragen werden, weil wir eben zahme Thiere im Verkehr brauchen. Aber denjenigen Schaden, den ein zahmes Thier gegen die Natur seiner Gattung anrichtet, muß der Herr ersetzen, und zwar ganz abgesehen von irgend einem Delictsgrunde, lediglich aus Forderung des Verkehrs und aus Rücksichten der Billigkeit, die durch ein positives, in den Verkehr gestelltes Institut unabhängig von der Schuld gesetzlich geregelt worden sind.

Daraus, daß die Klage aus alter Zeit ihre noxale Natur noch beibehalten hat, dürfen wir nicht schließen, daß auch jenem neueren römischen Unterschiede ein Schuldgedanke zu Grunde liege. Ulpian ist es, der es ausgesprochen hat, daß ein Thier nicht widerrechtlich handeln könne; derselbe Ulpian hat jenen Unterschied ausgesprochen. Damit ist eine Zurückführung des contra naturam auf die Thierschuld verboten. Die noxalen Folgen aber fußen auf einem uralten Rechte der Leidenschaft, und so haben wir nur die auch anderweit uns begegnende Thatsache zu registriren, daß die Römer neben dem modernen Billigkeitssatz das uralte Recht aus Scheu beibehalten haben, obwohl seine Consequenzen nicht zu jenem Billigkeitssatze stimmen.

## § 12.
**Die actio de pauperie in ihren einzelnen Rechtsfragen.**

Nachdem wir das Grundprincip der Klage aufgesucht haben, wird sich die Construction im Einzelnen leicht ausführen lassen, denn vom Grundprincip aus strömt das Lebensblut in alle Theile des Instituts und ist in allen dasselbe. Hinwiederum ergeben die Einzelheiten die größte Sicherheit einer Prüfung des Grundprincips. Wo sie aus denselben sich nicht erklären lassen, kann ein Mißverständniß vorliegen, es kann aber auch der Fall sein, daß ein altes Princip in das neue Recht noch mit herübergezogen ist und nun störend in den neuen Organismus eingreift. Dies ist hier der Fall bei dem Beibehalten der Eigenthümlichkeiten der uralten Noxalklagen. Vor Unerklärlichkeiten stehen zu bleiben, werden wir bei dem Institute nach unserer Auffassung keine Veranlassung finden, eine Hypothese aber, die alle Erscheinungen einer gewissen Materie erklärt, und zwar einheitlich erklärt, dürfte mehr als eine Hypothese sein.

## § 13.
**Die Veranlassung des Schadens.**

Die Veranlassung des Schadens kann nach dem Grundprincipe nur ein zahmes Hausthier geben, welches gegen die Natur seiner Gattung Schaden stiftet.

Zunächst bezieht sich das Institut nur auf **Thiere**. Pauperies damnum dicitur, quod quadrupes fecit. Die veraltete Ansicht Schömanns, daß auch der durch Rasende angerichtete Schaden eine pauperies sei, weil er ein damnum sine injuria datum sei, wird wohl von Niemandem mehr getheilt.

Pauperies ist nach den Quellen nur der von Thieren zugefügte Schade. Mit dem von mir ausgeführten Grundprincip der Billigkeit würde sich die gleiche Haftung des Rasenden nicht vertragen. Sie ist aber auch aus dem Grunde nicht denkbar, weil die actio de pauperie als eine Noxalklage Schaden durch eine res alieni juris voraussetzt, und weil sie wegfällt, wenn durch eine zufällige Handlung des Thieres geschadet wurde. Nun ist aber der durch einen Rasenden zugefügte Schaden ein zufälliger.[1)]

---

[1)] Glück X. Seite 297 f.

Von einer actio quadrupedaria aber sollte man nicht reden, denn die actio wird als utilis gegeben, wenn das Thier ein zweifüßiges ist; l. 4 D. h. t. Mit diesen beiden Gattungen sind wieder dem Grundprincipe gemäß die Thiere bezeichnet, die wir gezähmt im Verkehrsleben benutzen. Andere Hausthiere, wie die Bienen, zählen nicht hierher, weil sie sich nicht gezähmt im Verkehrsleben bewegen. Wird doch die Biene auch im Deutschen Recht ein „wilder Wurmb" genannt.

Wichtig, sehr wichtig für mich ist die Frage, ob sich die Klage auf wilde Thiere erstreckt. Wäre dies der Fall, so müßte ich das Grundprincip fallen lassen. Dann würde in der That eine Schuld des Thieres anzunehmen sein, welches sich contra naturam verginge. Allein das contra naturam bezeichnet ja gerade den Rückfall in die Wildheit, und schon darum bezieht sich die Klage nicht auf die Bestien. Es läßt sich das klar aus den Quellen beweisen.

In l. 1 § 10 D. h. t. heißt es: „in bestiis autem propter naturalem feritatem haec actio locum non habet." Und in pr. Inst. 4, 9 heißt es: „haec autem actio in iis quae contra naturam moventur locum habet. Ceterum si genitalis sit feritas, cessat actio. Damit ist sehr gut angedeutet, daß beim zahmen Thier ein Durchbruch der Wildheit vorliegen muß (moventur), die die Zähmung nicht überwunden hat und die im Verkehrsleben nicht ohne Ersatz hingenommen werden kann; daß aber bei angeborner Wildheit, also bei den ungezähmten Thieren, von der Klage keine Rede ist, weil eben bei ihnen nicht von einem Durchbruch der Wildheit die Rede sein kann. Zudem gehörten ja auch nach Römischem Rechte die ungezähmten Thiere nicht ins Verkehrsleben und gab es gegen sie gesetzlichen Schutz.

a) „Für den Schaden, welchen ein nicht gehörig bewachtes gefährliches Thier anrichtet, haftet derjenige, den die Schuld trifft, nach den Grundsätzen des Aquilischen Gesetzes" (Windscheid II. S. 722). l. 1 § 5 D. 9, 1; l. 8 § 1 D. 9, 2; l. 6 C. 3, 35.

b) Diese Rechtsgrundsätze reichten für die römischen Lebensverhältnisse nicht aus, weil die vornehmen Römer wilde Thiere in tragbaren Käfigen zur Schau stellten, Fälle, in denen gute Bewachung nicht genug half. Deßhalb war es durch ein ädilicisches

Edict verboten, wilde Thiere an öffentlichen Straßen zu halten, quo vulgo iter fit. (Pernice, Zur Lehre von den Sachbeschädigungen S. 224 f.) Gegen die Schuldigen war eine actio popularis gegeben. L. 40 § 1, 1. 41 D. 21, 1.

Prüfen wir nun bei den nur von zahmen Thieren gewählten Beispielen die Stellen, was dieselben unter dem contra naturam verstehen, so wird sich ergeben, daß bei allen ein Rückfall in die Wildheit gemeint ist, daß aber die Stellen den Charakter eines jeden Thieres besonders prüfen, so daß die Glosse Recht hat, wenn sie von contra naturam sui generis spricht.

Vom in der Cultur benutzten Pferd setzen wir voraus, daß es nicht ohne Grund mit dem Huf schlägt, von dem Ochsen, daß er nicht ungereizt stößt. Geschieht dies, so haftet der Herr, denn das Thier fällt contra naturam der zahmen Gattung in die Wildheit zurück. Inst. 4, 9 init.

Ebenso wird in den Digesten betont, daß es der Rückfall in die Wildheit ist, welcher haftbar macht: quum commota feritate nocuit quadrupes. Man haftet für den Schaden, den Maulthiere propter nimiam ferociam anrichten. Wenn vierfüßige Thiere, durch örtliche Hindernisse (Steigung) veranlaßt oder weil sie überladen sind, eine Last auf einen Menschen schleudern, so tritt keine Haftung aus unserer Klage ein (§ 4 l. 1 Dig. loc. cit.). Streichelt Jemand ein Pferd und es schlägt aus, so hat die Klage statt; sie fällt weg, wenn ein Pferd durch Schmerz gereizt ausschlägt, denn dieses Ausschlagen geschieht nicht contra naturam der zahmen Thierart (§ 7 D. loc. cit.).

Wenn ein Thier den geschlechtlichen Liebkosungen eines andern sich gewaltsam entgegensetzt und dabei Schaden anrichtet, wird angenommen, daß die Klage anzustellen sei (l. 5 D. loc. cit.). Interessant ist der Grundsatz über Hunde, der in l. 2 § 1 D. loc. cit. ausgesprochen ist:

Si quis aliquem evitans, Magistratum forte, in taberna proxima se immisisset, ibique a cane feroce laesus esset, non posse agi canis nomine quidam putant; at, si solutus fuisset, contra. Wer einem Kettenhund zu nahe kommt, hat das Klagerecht nicht, wohl aber wer von einem frei herumlaufenden Hunde gebissen wird, weil man von diesem Zähmung insoweit annimmt, daß er nicht ungereizt beißt. Daneben war durch das äbilicische Edict verboten, Kettenhunde an öffentlicher Straße zu halten. Inst. 4, 9 § 1.

Wenn ein Thier das andere reizt und angreift, handelt es als zahmes Thier contra naturam und fällt in die Wildheit zurück. Wir setzen von zahmen Hunden voraus, daß sie sich nicht beißen, von zahmen Ochsen, daß sie sich nicht stoßen ꝛc. Geschieht es dennoch, so heißt es commota feritate nocuit quadrupes. Es muß daher der Herr des Thieres haften, welches zuerst gereizt hat, denn wenn sich das gereizte zahme Thier nur wehrt, so handelt es nicht contra naturam seiner gezähmten Gattung.

Cf. l. 1 §§ 8, 11 D. h. t. Von einer Schuld des Thieres ist so wenig die Rede, wie von einer Schuld des Herrn. Kraft positiven Gesetzes haftet der Herr, weil das Thier gegen die Natur seiner gezähmten Gattung in die Wildheit zurückfällt.

Selbstverständlich fällt die Klage fort, wenn menschliche Schuld vorliegt, dann tritt Haftung nur wegen dieser ein; l. 1 § 4 D. h. t.

Wer einen Kettenhund nicht genügend festhält oder an Plätze führt, wo er nicht hingehört, haftet für den angerichteten Schaden. l. 1 § 5 D. h. t.[1]

### § 14.
#### Die Haftung für den Schaden.

Wenn ein aquilischer Schaden vorliegt, wenn ein schlecht bewachtes wildes Thier Schaden anrichtet, so haftet naturgemäß der, der die Aufsicht vernachlässigte, der schuldige Mensch; si canis, quum duceretur ab alio quo, asperitate sua evaserit, et alicui damnum dederit, si contineri firmius ab alio poterit,

---

[1] Ueber die Haftung für durch Hunde angerichteten Schaden scheint früher noch die räthselhafte lex Pesulania gesprochen zu haben; cf. Radloff loc. cit. S. 38 zu Paulus, sententiae receptae l. 15 § 1 und die dort citirten Autoren. Es ist immerhin möglich, daß „lege Solonia" zu lesen ist. Jedenfalls mußte sich schon die älteste Gesetzgebung mit den besten Freunden, oft aber auch gefährlichen Feinden des Menschen beschäftigen (die Institutionenstelle stellt den Hund unter Umständen neben — den Löwen.)

vel si per eum locum induci non debuit, haec actio cessabit, et tenebitur, qui canem tenebat. (l. 1 § 5 D. 9, 1.)

Ein Gleiches ist für Maulthiere und Pferde bestimmt in l. 8 § 1 D. 9, 2.

Polizeiliches Interesse gewährte daneben gegen den Schuldigen eine actio popularis (cf. Windscheid Anm. 11 zu § 457 B. 2), weil auch die Allgemeinheit ein Recht darauf hat, daß die in der Culturwelt verkehrenden Thiere gut beaufsichtigt werden.

Wo aber keine menschliche Schuld vorliegt und pauperies angerichtet ist, da haftete der Eigenthümer des Thieres, er konnte sich aber durch Preisgeben des Thieres befreien, und der Anspruch ging auf den neuen Herrn über und fiel weg, wenn das Thier starb. Zimmern hat Recht darin, daß über diese Sache dogmatisch kein Zweifel besteht; deßhalb soll sie auch nicht von Neuem beleuchtet werden. Aber er hat auch darin noch jetzt Recht, daß über das leitende Princip große Dunkelheit herrscht, und darum soll versucht werden, das Grundprincip aufzusuchen. (cf. Zimmern, System der römischen Noxalklagen S. 17.)

Ich weise Zimmerns Theorie von der Analogie mit der Imputation energisch ab. Es kam den Römern nie in den Sinn, das Gattungswidrige mit der imputablen Handlung des Menschen in eine Kategorie zu setzen (S. 42). Ich bin auch durchaus nicht der Ansicht, daß erst juristisches Räsonnement das Gesetz bildete (S. 96), denn die Quelle der 12 Tafeln ist bezeugt, und ich verneine, daß die Römer bei den Thieren nach einem Maßstab der Schuld suchten, wie bei den Menschen; mag auch bei andern alten Völkern und bei heutigen wilden Völkerschaften ein derartiger Irrthum gewaltet haben und walten, die Römer waren zu gute Juristen, als daß sie nicht nur in der Menschenwelt Recht und Schuld als vorhanden angenommen haben sollten.

Nein, die Noxalhaft stellt sich dar als ein uraltes Institut des Civilrechts, und die actio noxalis bez. deren letzter Rest ist eine Ruine aus der römischen Urzeit. (cf. auch Schlesinger, Zeitschr. f. Rechts-Gesch. VIII. S. 56.) Darum stellen die Quellen auch die Noxalhaft hier einfach als geltendes Recht dar, ohne weiteren Grund zu suchen als die historische Ueberlieferung.

Daß an eine Schuld der Thiere nicht zu denken ist, zeigt der

Umstand, daß das Wort Delict nie gebraucht wird; der Schade traf den Herrn wie ein Unglück, wie ein Blitzstrahl, das Thier richtete pauperies an.

Ich bin mit von Wyß (Haftung für fremde culpa) der Ansicht, daß die noxae datio das uralte Recht der Privatrache ermöglichen sollte, den einem natürlichen wenn auch rohen Rechtsgefühl innewohnenden Trieb, sich an dem Thier zu rächen, das geschadet hat.

Diese Rache hat mit der Frage nach der Schuld und der imputation nichts zu thun.

Als dann später das Thier nur für Schaden contra naturam haftete, nahm man das alte Institut der Noxalklagen hier mit herüber, weil man nichts Besseres vorfand und weil römische Pietät mit dem Alten nicht völlig brechen wollte. Daß man selbst die Nichtbegründung im civilisirten Recht fühlte, beweist die einfache Berufung auf die 12 Tafeln.

Der ökonomische Gesichtspunkt, den von Wyß betont, trat hier durchaus nicht in den Vordergrund, denn der ökonomische Ausgleich mußte fordern, daß der Eigenthümer derzeit hafte, als das Thier schadete, er kann den Satz noxa caput sequitur nicht rechtfertigen, der spätere Eigenthümer hat nichts auszugleichen, nur der, dem das Thier nützte und der, dem es zugleich schadete.

Es bleibt nichts übrig, als in der noxae datio hier einen Ueberrest uralten Rechts zu sehen, das nicht mehr in die Zeit paßte und durch spätere Römische Principien nicht gerechtfertigt werden kann.

Die Controversen über die actio de pastu gehören nicht hierher.

Es erübrigt noch, die Behauptungen dieses Paragraphen durch Quellenstellen zu unterstützen. Daß die noxale Natur unserer Klage einfach mit römischer Pietät aus der Urzeit herübergenommen worden ist, beweisen die Stellen in. Inst. 4, 9: Animalium nomine quae ratione carent, si quidem lascivia aut fervore aut feritate pauperiem fecerint, noxalis actio lege duodecim tabularum prodita est; quae animalia si noxae dedantur proficiunt reo ad liberationem, quia ita lex duodecim tabularum scripta est. Dieses quia allein enthielt für das spätere Rom den Grund der Beibehaltung der noxalen Natur der Klage. Derselben rein historischen Begründung begegnen wir in der Digestenstelle l. 1

init. D. 9, 1: Si quadrupes pauperiem fecisse decitur, actio ex lege duodecim tabularum descendit; quae lex voluit aut dari id, quod nocuit, id est id animal, quod noxiam commisit, aut aestimationem noxiae offerri.

An eine Schuld wurde auch in jener Urzeit bei den Römern nicht gedacht, der Schade war ein Unglück, das Niemand verschuldete, keine Folge eines Delicts: noxia autem est ipsum delictum; man wählte daher keine Ausdrücke der Delictsklagen: pauperies est damnum sine injuria facientis datum. In jener uralten Zeit herrschte wilde Leidenschaft, lebte das Institut der Privatrache, die sich an dem rächte, was geschadet hatte, ohne nach der imputatio zu fragen. Und nur diesem Rechtsgefühl verdankt unsre Klage die noxale Natur. Die philosophischen Erörterungen von Hommel und Pothier treffen daher für jene Urzeit und die ihr entstammende Noxalklage nicht zu, aber auch Hübner und Höpfner irren, wenn sie die noxale Natur auf einen ökonomischen Ausgleich zurückführen (Rabloff, Die Haftung 2c. S. 72 f.). Ebensowenig kann man mit Thibaut sein modernes Gefühl zu Rathe ziehen und hieraus folgern, wie der rohe Verstand zu den Zeiten der 12 Tafeln räsonnirte.

Jenen ökonomischen Ausgleich versuchte erst das spätere Römische Recht zu schaffen, indem es die Haftung auf den contra naturam von Culturthieren angerichteten Schaden beschränkte, aber es ging in conservativer Weise nicht so weit, daß es den zahlen ließ, der zur Zeit des Schadens Eigenthümer des Thieres war, sondern behielt auch dann das uralte Racherecht bei. Hätte jenes uralte Recht eine Schuld des Thieres angenommen, so hätte es nicht beibehalten werden können: nec enim potest animal injuria fecisse, quod sensu caret; dann hätte das überlieferte Recht in zu grellem Widerspruche mit der römischen Rechtswissenschaft gestanden. Aber jenes uralte Recht wußte nichts von Thierschuld: pauperies est damnum sine injuria facientis datum! Ihm lag der Gedanke einer Quasi-culpa fern! Der Römer suchte als Rechtsgenie das Recht — sobald er Römer war — nur bei den Menschen und wandte es nicht, wie die wilden Stämme, auf Thiere an. Sein Rechtsgenie sicherte ihn vor dieser krassen Verirrung. Es überwog bei ihm nur in der Urzeit die Leidenschaft, das verletzte Rechtsgefühl schuf damals die nicht nach der Imputation fragende Rache; und diese entstammte einem in ihm liegenden leidenschaftlichen Zuge. War dieser auch in der späteren Zeit meist überwunden, so war es doch begreiflich, in einem Falle, wo es sich nicht um Menschenleben handelt, einmal jenes uralte Recht noch gewähren zu lassen, es war um so begreiflicher in einer Zeit, die in dem Thiere eben nur eine vernunftlose Sache sah (animal — quod sensu caret).

Es muß daher als verfehlt bezeichnet werden, wenn von einer Quasi-culpa gesprochen wird.[1])

§ 15.
#### Moderne Rechtsanschauung über Haftung für Thierschaden.

Mit Recht hat Radloff (loc. cit.) am Schluß seiner Abhandlung (1883) einen Blick auf die modernen Rechte geworfen.

Wir haben hier nicht das Interesse der Rechtsvergleichung, sondern das Interesse zu fragen: Welches Recht ist für das neue Gesetzbuch des Reiches anzunehmen oder zu normiren? Und darum erscheint es angemessen, neben dem Gebiete des Gemeinen Rechts hier das große Gebiet des Preußischen Rechts zu betrachten.

Hier tritt in der Regel eine Haftung nur ein, wenn menschliche Schuld vorliegt; bei von Natur unschädlichen Thieren haftet der Eigenthümer nur für den Schaden, der aus der versäumten Aufsicht entspringt. Er haftet aber auch dann, wenn er weiß, daß ein Thier wider seine Natur schädlich ist, und die nöthigen Maßregeln verabsäumt. Wer das Thier reizt, kann keinen Ersatz fordern. Wenn sich zwei Thiere zweier Eigenthümer schädigen, so haftet der, welcher die Pflicht vernachlässigte. Wer ohne obrigkeitliche Erlaubniß wilde oder von Natur schädliche Thiere hält, der haftet für allen Schaden. Ebenso der, welcher die gebotenen Maßregeln zur Abwendung des von solchen Thieren zu befürchtenden Schadens verabsäumt (§§ 70 bis 78 I. 6 A.L.R.).

---

[1]) Am weitesten mit geht Radloff (Die Haftung des Eigenthümers für den durch Thiere angerichteten Schaden) darin, die Grundsätze der Schuld nach Römischem Recht auch auf Thiere anzuwenden. Er liest aus l. 1 § 11 D. 9, 1 sogar die Grundsätze von der Vertheidigung und der Nothwehr unter Thieren heraus (S. 88), während es dem Römer nur darauf ankam, den Begriff des „contra naturam" festzustellen.

Man fühlte, daß man vom Römischen Recht abgewichen war, und suchte nach einem Ersatz für die Lücke. Sonderbarer Weise sah man es als eine der römischen actio de pauperie entsprechende Maßnahme an, wenn man in dem Falle, wo man Thiere zu bloßem Luxus hält, die zwar ihrer Natur nach nicht schädlich sind, aber auch in den ländlichen und städtischen Haushaltungen nicht gebraucht werden, den Herrn auch ohne Schuld für den unmittelbaren Schaden haften ließ. (I. 6 § 72 loc. cit.) Suarez meinte, es sei billig, daß Niemand seinem Vergnügen mit Gefahr und Nachtheil für seine Mitbürger nachhänge. (Dernburg Bd. 2 S. 879 N. 7.) Ein seltsames Mißverständniß!

Gerade bei den im Haushalt gebrauchten Thieren besteht eine Lücke, wenn nur für vernachlässigte Aufsicht gehaftet wird, denn Fälle, wo diese Thiere schaden, sind häufig; und gerade bei diesen Thieren hat der Herr Vortheil und scheint ein Ausgleich geboten. Obwohl aber der seltsame Paragraph des Landrechts den Kern der Sache nicht trifft und die Lücke nicht ausfüllt, ist er von größter Bedeutung, denn er beweist, daß man das Vorhandensein der Lücke fühlte und daß es nicht moderne Anschauung ist, bei Thierschaden n u r dann den Herrn haften zu lassen, wenn ihn eine S c h u l d trifft.

## § 16.
### Vorschläge für das künftige Civilgesetzbuch.

I. Das künftige Civilgesetzbuch wird fußen auf der historischen Rechtsentwickelung und der Anpassung an die Verhältnisse der Gegenwart. Aus jener Anpassung muß sich zunächst ergeben, daß von einer S c h u l d d e s T h i e r e s, die im Germanischen Recht angenommen wurde, keine Rede sein darf, denn wir kennen eine rechtliche Schuld nur beim Menschen. Demgemäß wird der Satz in den Vordergrund zu rücken sein, daß derjenige für den Thierschaden haftet, den eine Schuld trifft. Die m e n s c h l i c h e  S c h u l d ist bei der Behandlung der Materie von der Haftung für Schaden durch Thiere v o r a n zu stellen, um so mehr als, in der Theorie der Irrthum waltet, daß das Römische Recht hier eine Quasi-culpa angenommen habe. Diesem Irrthum muß das Wort des Gesetzes entgegentreten.

Im Einzelnen ist zu bemerken:

a) Wilde, ihrer Natur nach schädliche Thiere gehören nicht in unser Verkehrsleben. Wer sie ohne obrigkeitliche Erlaubniß hält oder die polizeilichen Schutznormen, die ihretwegen gegeben sind, verletzt, wird für allen Schaden zu haften haben. Im Anschluß hieran ist das wichtige Princip auch hier auszusprechen, daß der, welcher eine Polizeinorm verletzt, für allen Schaden haften muß, der aus dieser Verletzung sich ergibt, ohne daß es auf eine weitere Schuld ankommt. Die polizeilichen Vorschriften, die in dieser Fülle Rom nicht kannte, schützen unser Verkehrsleben und sind von größter, auch civilrechtlicher Bedeutung. Wer sie verletzt, dem wird ohne Weiteres der Schaden auf Rechnung geschrieben, den die Verletzung mit sich bringt.

Wer aber die polizeilichen Vorschriften befolgt und die Thiere gehörig beaufsichtigt, der haftet nicht für nicht voraussehbare Unfälle. Von großer Wichtigkeit ist hier die Frage nach der Haftung der Unternehmer von Zoologischen Gärten. Ich bin hier mit Dernburg der Ansicht, daß diese alle nach dem Stande der Wissenschaft und Erfahrung erforderten Vorsichtsmaßregeln gegen Beschädigungen des Publikums durch ihre Thiere zu treffen haben (B. II S. 178 N. 4.)

Menagerien, deren Besitzer meist nicht den Bildungsgrad haben, um alle Eventualitäten zu erwägen, werden unter strenge polizeiliche Controle zu nehmen sein. Hat der Besitzer einen tüchtigen Aufseher, und dieser ist in einem Falle säumig, so haftet der Aufseher und nicht der Besitzer, denn die Schuldfrage gibt den Ausschlag.

b) Zahme und von Natur nicht schädliche Thiere verpflichten durch ihren Besitz ebenfalls zur Aufsicht; wer diese vernachlässigt, der haftet. Auch hier macht die Uebertretung von Polizeigesetzen für jenen Schaden verantwortlich, ein Grundsatz, der bei den Vorschriften über Hundehalten sehr wichtig werden kann.

Einer Casuistik wird es hier durchaus nicht bedürfen; es läßt sich leicht feststellen, ob menschliche Schuld vorliegt.

II. Wie nun, wenn ein zahmes Thier contra naturam sui generis einen Schaden anrichtet? Sollen derartige Unfälle als Zufall gelten, für den Niemand haftet? Im Anschluß an die historische Entwickelung verlangt meines Erachtens das Recht auch heute noch einen Ausgleich; wer den Vortheil des Thieres hat, muß auch den Schaden tragen. Wer also zur Zeit der Schadensanrichtung Herr des Thieres war, der haftet aus reinen Billigkeitsrücksichten, auch wenn er ohne Schuld war.

Die philiströse Unterscheidung des Landrechts zwischen Luxusthieren und Haushaltungsthieren hat keine Berechtigung, im Gegentheil gerade bei den nützlichen und zahlreich ins Verkehrsleben tretenden Haushaltungsthieren ist der Ausgleich der actio de pauperie geboten!

Den Schaden secundum naturam generis müssen wir als Zufall tragen, für den Niemand haftet, wenn wir nicht überhaupt auf den Gebrauch der Thiere verzichten wollen. Daß hierfür gehaftet werde, kann die Billigkeit nicht fordern, sie kann vielmehr fordern, daß Jeder die Natur der Hausthiere kenne und sich nach ihr richte.

Von der noxalen Natur der Klagen kann in der modernen Welt keine Rede mehr sein.

So ließe sich denn die Quintessenz meiner Untersuchung de lege ferenda in folgende Normen zusammenfassen:

a) Für den durch Thiere angerichteten Schaden haftet der, welcher ihn verschuldete.

b) Eine gleiche Vertretung trifft denjenigen, welcher die polizeilichen Vorschriften über das Halten und die Aufsicht der Thiere übertritt, auch wenn ihn keine weitere Schuld trifft.

c) Wenn ein zahmes Thier wider die Natur seiner Gattung Schaden anrichtet, so haftet derjenige, welcher zur Zeit, als der Schaden gestiftet wurde, der Eigenthümer des Thieres war.

## § 17.
**Die Haftung für den Thierschaden nach dem Entwurfe eines bürgerlichen Gesetzbuchs für das Deutsche Reich.**

Abweichend von den von mir aufgestellten Normen bestimmt der Entwurf für das künftige Gesetzbuch nur Folgendes: „Wer ein Thier hält, ist verpflichtet, unter Anwendung der Sorgfalt eines ordentlichen Hausvaters diejenigen Vorsichtsmaßregeln zu treffen, welche erforderlich sind, um das Thier an der Zufügung von Beschädigungen zu hindern.

Wird diese Pflicht verletzt, so ist der Halter des Thieres zum Ersatze des daraus einem Dritten entstandenen Schadens nach Maßgabe der §§ 704, 722—726 und des § 728 Absatz 1 verpflichtet. Die gleiche Verantwortlichkeit trifft denjenigen, welcher die Führung der Aufsicht für den Halter des Thieres übernommen hat."

Die hier citirten Paragraphen normiren den Schadensersatz näher; an diesem Orte interessiren jene allgemeinen Lehren nicht.

Die Motive erkennen die Nothwendigkeit besonderer Normen über Beschädigung durch Thiere an. Zwar ergab sich aus anderen Gesetzesstellen, daß derjenige, welcher aus Vorsatz oder Fahrlässigkeit durch eine widerrechtliche Handlung die Beschädigung durch ein Thier verursacht habe, zum Schadensersatze verpflichtet sei, es könne auch keinem Zweifel unterliegen, daß derjenige, welcher den Polizeiverordnungen zuwider handle, eine widerrechtliche Handlung begehe, welche ihn nach Maßgabe der §§ 704, 722, 726 und des § 728 Abs. 1 zum Schadensersatze verpflichte; dennoch empfehle sich eine besondere civilrechtliche Regelung dieser Materie. Dem Bedürfnisse werde aber vollständig genügt durch die Aufnahme einer Bestimmung, welche dem Halter eines Thieres die Pflicht zur gehörigen Verwahrung und Aufsicht dergestalt auferlege, daß die Verletzung dieser Pflicht sich civilrechtlich als eine widerrechtliche Handlung darstellt, welche den Thierhalter nach Maßgabe der §§ 704, 722—726, 728 Abs. 1, also dann zum Schadensersatz verpflichtet, wenn sie auf einem Verschulden desselben beruht, und er die dadurch verursachte Beschädigung oder die Verletzung des Rechtes eines Andern vorausgesehen hat oder voraussehen konnte.

Meines Erachtens genügt die Norm des Entwurfs nicht. Der deutsche Gesetzgeber irrt, wenn er von der Ansicht ausgeht, daß die auferlegte Pflicht zur gehörigen Verwahrung und Beaufsichtigung der Thiere genügenden Schutz im Verkehr verleihe; er irrt weiter, wenn er meint, daß das Uebertreten einer Polizeiverordnung ohne Weiteres hier zum Schadensersatz verpflichte. Das Thier hat unzweifelhaft im Gegensatz zu den verwahrten Sachen seinen eigenen Willen, und der Herr kann gar nicht voraussehen, wie sich dieser Wille äußern wird, und welchen Schaden derselbe anrichten wird, wenn er eine Polizeiverordnung außer Acht läßt. Jedenfalls kann eben dieses Willens halber über den Causalzusammenhang in der Praxis leicht ein Streit entstehen, welcher damit endet, daß der Verletzte leer ausgeht, weil keine Schuld des Herrn vorliegt. Darum halte ich die von mir unter b vorgeschlagene Norm für nothwendig, denen sie beseitigt jeden Zweifel.

Die von mir unter c vorgeschlagene Norm hat der Entwurf zu Unrecht ganz abgewiesen, er mußte freilich von seinem Princip aus zu diesem Resultat kommen, weil es hier an jeder Schuld des Eigenthümers fehlt. Es heißt hierüber in den Motiven: „Wollte man nach dem Vorbilde des gemeinen Rechtes, des code civil, des bad. L.R. und des sächs. G.B. den Eigenthümer eines Thieres oder denjenigen, welcher ein Thier hält, für den von dem Thiere angerichteten Schaden ohne Rücksicht auf ein Verschulden desselben verantwortlich machen, wenn auch mit der Modification, daß der Eigenthümer oder Thierhalter sich durch Ueberlassung des Thieres oder seines Werthes an den Beschädigten befreien könnte, so würde man damit den Boden des Delictes verlassen und, wenn auch nicht ein fingirtes Delict, doch eine in das Rechtssystem sich schwer einfügende gesetzliche Obligation schaffen. Zu einer solchen positiven Regelung fehlt es aber an haltbaren Gründen." (S. 811 Band 2 der Motive.)

Mit vollstem Recht heben die Motive hervor, daß mit dieser Norm der Boden des Delicts verlassen werde, daß aber auch damit nicht ein fingirtes Delict, sondern „eine in das Rechtssystem sich schwer einfügende gesetzliche Obligation geschaffen werde." Ich habe diese Obligationen unter dem Namen „positive Institute" ausgeschieden und zusammengestellt, und finde für meinen Versuch nicht nur für die Ausscheidung, sondern sogar für den von mir gewählten Namen („positive Regelung") eine Begründung in den Motiven selbst.

Die Motive irren nur darin, daß es zu einer positiven Regelung nach ihrer Ansicht an haltbaren Gründen fehlen sollte. Die positiven Institute werden weder vom Vertragswillen noch von der Delictsnatur, sondern von dem jedes Institut regelnden Grundprincip beseelt. Das Grundprincip der actio de pauperie und der Haftung für unverschuldeten Thierschaden bei Schädigung contra naturam generis ist die Forderung des Verkehrs; wenn uns zahme Thiere secundum naturam schädigen, so werden wir meist selbst die Schuld tragen, denn wir sollen deren Natur kennen. Wenn dieselben uns aber contra naturam schaden, so leiden wir ohne Schuld. Eine Verschuldung des Herrn liegt nicht vor, denn es sind Fälle möglich, wo das Thier in plötzliche Wildheit verfällt, von der der Herr gar nichts wissen konnte und die er darum nicht verhüten konnte, wo ein sonst gutartiger Hund ohne Anlaß einen Menschen anfällt oder ein sonst frommes Pferd ohne Anlaß einen Menschen beißt. In diesen Fällen verlangt es die Billigkeit, daß der den Schaden des Thieres trägt, welcher den Vortheil des Thieres hat. Es fehlt also durchaus nicht an haltbaren Gründen für unsere Norm.

Selbstverständlich kann es uns nicht einfallen, dem Thierhalter das Recht zu geben, sich durch Ueberlassung des Thieres befreien zu können.

Dieses Recht entspringt ja, wie wir nachgewiesen haben, einer uralten Anschauung der 12 Tafeln: die Leidenschaft verlangte Herausgabe des Thieres, damit man sich an ihm rächen könne.

Im Uebrigen bin ich mit den Motiven darin ganz einverstanden, daß es noch weiterer Bestimmungen hier nicht bedarf. Für das Halten wilder Thiere genügt der polizeiliche Schutz. Beruht der Schaden zugleich auf der Verschuldung eines Dritten, so ist auch dieser wegen des Schadens als Gesammtschuldner haftbar. Beschädigung durch Weiden von Vieh ist den Landesgesetzgebungen vorzubehalten.

Einverstanden bin ich ferner mit den Motiven darin, daß auch der wegen seiner Schuld verantwortlich ist, welcher die Führung der Aufsicht für den Halter des Thieres übernommen hat. Hat der Thierhalter bei der Auswahl dieser Person gefehlt, so haften beide als Gesammtschuldner. Der bestellte Aufseher wird auch zu haften haben, wenn er ein Polizeigesetz verletzt, weil auch hier Schuld vorliegt.

Dagegen haftet bei Beschädigungen contra naturam generis nur der Halter des Thieres, denn der Aufseher hat nicht den Vortheil des Thieres. Bei gemeinschaftlich gehaltenen Thieren haften naturgemäß bei Delicten contra naturam generis beide Herren. Das Handeln der Thiere contra naturam kommt weiter auch bei der gegenseitigen Beschädigung der Thiere verschiedener Eigenthümer in Frage. Die Motive betonen selbstverständlich auch hier nur das Verschulden (S. 814 loc. cit.).

## § 18.
### Fassung der von mir vorgeschlagenen Normen.

Ich würde nach Vorstehendem für das künftige Gesetzbuch folgende Normen vorschlagen:

§ 734: Wer ein Thier hält, ist verpflichtet, unter Anwendung der Sorgfalt eines ordentlichen Hausvaters diejenigen Vorsichtsmaßregeln zu treffen, welche erforderlich sind, um das Thier an der Zufügung von Beschädigungen zu hindern. Wird diese Pflicht verletzt, so ist der Halter des Thieres zum Ersatze des daraus einem Dritten entstandenen Schadens nach Maßgabe der §§ 704, 722 bis 726 und des § 728 Abs. 1 verpflichtet. Die gleiche Verantwortlichkeit trifft denjenigen, welcher die Führung der Aufsicht für den Halter des Thieres übernommen hat.

§ 735: Eine gleiche Verantwortlichkeit trifft denjenigen, welcher die polizeilichen Vorschriften über das Halten und die Aufsicht der Thiere übertritt, auch wenn ihn keine weitere Schuld trifft.

§ 736: Wenn ein zahmes Thier wider die Natur seiner Gattung Schaden anrichtet, so haftet derjenige, welcher zur Zeit, als der Schaden angerichtet wurde, der Halter des Thieres war.

## § 19.
### B. Das Leiden des Thieres im Rechtsleben.
### Das Leiden des Thieres im menschlichen Verkehr.

Unser Culturleben hat es mit sich gebracht, daß wir die Thiere ihrer natürlichen Freiheit beraubt, sie gezähmt und zur Arbeit abgerichtet haben. Keine Religion und keine philosophische Ansicht im Staate hat darin je etwas Unsittliches gefunden, und der moderne Staat hat nicht das geringste Interesse daran, an den modernen Lebensverhältnissen etwas zu ändern. Weil er aber alle sittlichen Forderungen der Gegenwart zu verwirklichen hat, so hat der moderne Staat dafür zu sorgen, daß das Thier als empfindendes

Willenswesen stets um seiner selbst willen gegen jede Quälerei geschützt wird.

## § 20.
### Der Standpunkt des Strafgesetzbuches für das Deutsche Reich.

Auf dem von mir behaupteten Standpunkte steht das Strafgesetzbuch für das Deutsche Reich durchaus nicht. Dasselbe schützt in § 360 Nr. 13 die Thiere nur um der Menschen willen, denn die Thierquälerei ist danach nur strafbar, wenn sie entweder öffentlich geschieht, d. h. ein allgemeines Aergerniß bei den Mitmenschen erregen kann oder wenn in der That bei einem Mitmenschen ein Aergerniß erregt oder verübt wird.

Die Anschauung, daß das Thier nur um des Aergernisses der Mitmenschen willen geschützt wird, ist in der Gegenwart aus dem früher angeführten Grunde nicht mehr haltbar.

Es ist auch bereits in den deutschen Thierschutzvereinen eine gewaltige Reaction gegen diese veraltete Ansicht aufgetreten, und sie wird sich in den Parlamenten noch ihr Recht verschaffen und eine Correctur des Strafgesetzbuches gewiß hervorrufen.

Es ist bei der Behandlung dieser öffentlichen Frage im Gegensatz zu der früher behandelten civilrechtlichen Frage von einer historischen Begründung abzusehen. Es ist gleichgiltig, ob früher kein Bedürfniß für den Thierschutz vorhanden war, es genügt, daß derselbe in der Gegenwart zu einer rechtlichen wie sittlichen Forderung in Deutschland geworden ist.

In Folge der nationalen Natur alles Rechts, welche sich aus meiner Definition desselben ergibt, hat auch hier eine Vergleichung mit dem Rechte anderer Nationen wenig Zweck. Es sei aber nebenbei auf die englische Nation verwiesen, bei welcher „zuerst das Gesetz ganz ernstlich die Thiere gegen grausame Behandlung in Schutz genommen hat, und der Bösewicht es wirklich büßen muß, daß er gegen Thiere, selbst wenn sie ihm gehören, gefrevelt hat"; cf. Schopenhauer, Grundproblem der Ethik S. 243.

## § 21.
### Nähere Kritik der Normen des Deutschen Strafgesetzbuchs über die Thierquälerei.

Die Normen unseres Strafgesetzbuchs genügen nach dem früher Gesagten zunächst deßhalb nicht, weil sie die Thierquälerei nur bestrafen, wenn sie „öffentlich" oder unter Erregung eines „Aergernisses" geschieht. Da das Thier um seiner selbst willen zu schützen ist, so muß Jeder ohne Weiteres bestraft werden, der ein Thier quält. Der Ausdruck „quälen" ist beizubehalten, da er einem Jeden verständlich ist; er bedeutet unnöthige und unverhältnißmäßige Zufügung von Schmerzen. Unser Verkehrsleben bringt es mit sich, daß das Thier anstrengend arbeiten muß, und daß es Züchtigungen ertragen muß, wenn es diese Arbeiten nicht besorgt.

Die Ueberschreitung der Grenze zwischen Züchtigung und Quälerei wird der Richter leicht finden. Unser Verkehrsleben bringt es aber auch ferner mit sich, daß wir die Thiere tödten, um sie zu essen oder sonst zu gebrauchen, oder um uns gegen sie zu schützen. Die Ansichten der Vegetarianer, welche verbieten, sich von Thierleichen zu nähren, sind vereinzelte und zudem irrige, weil unser Organismus Fleischnahrung verlangt.

Schon Schopenhauer sagt loc. cit. S. 245: „Daß übrigens das Mitleid mit Thieren nicht so weit führen muß, daß wir, wie die Brahmanen, uns der thierischen Nahrung zu enthalten hätten, beruht darauf, daß in der Natur die Fähigkeit zum Leiden gleichen Schritt hält mit der Intelligenz; weßhalb der Mensch durch Entbehrung der thierischen Nahrung, zumal im Norden, mehr leiden würde, als das Thier durch einen schnellen und stets unvorhergesehenen Tod, welchen man jedoch mittels Chloroform noch mehr erleichtern sollte. Ohne thierische Nahrung hingegen würde das Menschengeschlecht im Norden nicht einmal bestehen können.

Nach demselben Maßstabe läßt der Mensch das Thier auch für sich arbeiten, und nur das Uebermaß der aufgelegten Anstrengung wird zur Grausamkeit."

Selbstverständlich müssen alle **unnöthigen** Qualenzufügungen beim Schlachten, bei der Jagd rc. unter den strafbaren Begriff der Quälerei fallen.

Ob die bei wissenschaftlichen Untersuchungen und Demonstrationen verursachte Schmerzzufügung, z. B. in Form der Vivisection, unter den Begriff der Quälerei fällt, hat mancherlei Zweifel hervorgerufen. Nach meiner Definition fällt sie jedenfalls darunter. Es handelt sich hier um gar nicht auszudenkende Qualen, welche mit dem Schmerze des Todes beim Schlachten oder bei der Jagd nicht verglichen werden können. Allein das Thier ist, wie die Erlaubniß des Schlachtens beweist, nur bedingt geschützt, wenn nicht wichtigere Interessen entgegenstehen. Wenn das öffentliche Interesse der Krankenheilung, das wichtiger ist als der Thierschutz, die Vivisection verlangt, so muß dieselbe straflos erscheinen, weil das Menschenleben für den Staat weit schwerer wiegt als das Thierleben. Ich wünschte, die Wissenschaft könne die Nothwendigkeit der Vivisection verneinen! Solange das nicht der Fall ist, muß sich der Staat m. E. dieser traurigen Forderung fügen, er wird derselben aber durch einen besonderen Paragraphen seinen Schutz verleihen müssen, weil kein privater Nothstand, sondern ein überwiegendes öffentliches Interesse hier vorliegt.

Die Strafen, welche auf der Thierquälerei stehen, sind viel zu niedrige. Es können Fälle vorkommen, wo die normirten Strafen unserem Gefühl durchaus nicht entsprechen. Ich verweise auf das von Schopenhauer S. 244 loc. cit. citirte Beispiel: Die Times vom 6. April 1855 berichtet den gerichtlich gewordenen Fall der Tochter eines sehr begüterten schottischen Baronets, welche ihr Pferd höchst grausam, mit Knittel und Messer, gepeinigt hatte, wofür sie zu 5 Pfund Sterling Strafe verurtheilt worden war. Daraus nun aber macht so ein Mädchen sich nichts, und würde also ungestraft davongehüpft sein, wenn nicht die Times mit der rechtlichen und empfindlichen Züchtigung nachgekommen wäre, indem sie, die Vor- und Zunamen des Mädchens zweimal mit großen Buchstaben hinsetzend, fortfuhr:

„Wir können nicht umhin zu sagen, daß ein paar Monate Gefängnißstrafe nebst einigen privatim, aber vom handfestesten Weibe in Hampshire applicirten Auspeitschungen eine viel passendere Bestrafung der Miß N. N. gewesen sein würde. Eine Elende dieser Art hat alle ihrem Geschlechte zustehenden Rücksichten und Vorrechte verwirkt: wir können sie nicht mehr als ein Weib betrachten."

Derartige Widersprüche zwischen dem Rechtsgefühl des Volks und der Strafe des Richters zeigen sich bei diesem Delict heute auch bei uns. Strafe ist nach meiner Ansicht ein Uebel, vom Staate gesetzt zum Zwecke der Wiedervergeltung und zum Zwecke der Aufrechterhaltung der Staatsgesetze.

Daraus folgt der übrigens überall anerkannte Satz, daß, je mehr gefehlt worden ist, auch um so mehr gestraft werden muß. Nach unserer Anschauung ist die Thierquälerei eine so schwere Schuld, daß zu ihrer Sühne nur in leichtesten Fällen Geldstrafe, in schwereren Haft, in schwersten aber längere Gefängnißstrafe verhängt werden muß. Es kommt dazu, daß dies Delict von einem sehr gefährlichen Charakter zeugt, der gebeugt werden muß. Immerhin würde ein Maximum von zwei Jahren Gefängnißstrafe einzuhalten sein.

Wenn irgendwo, so ist bei der Thierquälerei der Rückfall schärfer zu strafen. Diese Strafschärfung entspricht unbestritten der Zweckmäßigkeit, wie auch dem Standpunkte gerechter Vergeltung, da der Thäter durch die vorangegangene Bestrafung gewarnt ist.

Wen diese Strafe nicht an neuen Quälereien gehindert hat, der verräth in Folge der Natur des Delicts eine so rohe und gefährliche Gesinnung, daß er in das Gefängniß gehört.

Ich würde wiederholten Rückfall erfordern, dann aber auch mildernde Umstände unbedingt ausschließen und Gefängnißstrafe bis zu fünf Jahren eintreten lassen.

Es erhellt, daß nach dieser Normirung des Delicts dasselbe nicht mehr unter den "Uebertretungen" stehen kann, sondern zu den Vergehen zählt.

Ich würde dieses Vergehen um seines Ernstes willen neben die Körperverletzung stellen, damit die Anschauung immer mehr Raum gewinne, daß das Thier nicht als Sache, sondern als beseelter Körper um seiner selbst willen geschützt werden muß.

## § 22.
**Die für das Strafgesetzbuch vorzuschlagende Aenderung.**

An Stelle des § 363, 13: „Mit Geldstrafe bis zu 150 Mark oder mit Haft wird bestraft: wer öffentlich oder in Aergerniß erregender Weise Thiere boshaft quält oder roh mißhandelt", würde ich folgende Normen vorschlagen: Im Abschnitt „Körperverletzung" ist unter § 234 folgendes neues Vergehen aufzunehmen:

§ 234. Wer Thiere quält oder vorsätzlich mißhandelt, wird wegen Thierquälerei mit Geldstrafe bis zu eintausendfünfhundert Mark oder mit Haft oder mit Gefängniß bis zu zwei Jahren bestraft.

In den Fällen, wo es zum Zwecke wissenschaftlicher Untersuchung unbedingt nothwendig erscheint, lebenden Thieren Qualen zuzufügen, tritt keine Strafe ein.

§ 235. Wer im Inlande wegen Thierquälerei bestraft worden ist, darauf abermals eine Thierquälerei begangen hat und wegen derselben bestraft worden ist, wird, wenn er eine neue Thierquälerei begeht, mit Gefängniß nicht unter drei Monaten bestraft.

## § 23.
**Schlußbemerkung.**

Durch die von mir für das Civilgesetzbuch vorgeschlagenen Normen und durch die für das Strafgesetzbuch angebotenen Abänderungen wird ein doppelter Zweck erreicht:

Es wird den **Menschen** gegen den von Thieren zugefügten Schaden **der rechte Ersatz** gewährt und wird andrerseits den **Thieren der rechte Schutz** gegen die Menschen gegeben.

Die civilrechtlichen Normen liegen im Interesse der Menschen und werden daher leichter Anhänger gewinnen. Die strafrechtlichen sind im Interesse der Thiere und **um ihrer selbst willen** vorgeschlagen; dieses Interesses kann sich nur der Mensch annehmen, aber er hat heute den Anforderungen der Zeitanlehnung wie der Sittlichkeit gemäß die Pflicht, zur Wahrung dieses Interesses dafür zu sorgen, daß endlich **ein Recht der Thiere** anerkannt wird. Wohl werden ihm dafür „unsere unmündigen Brüder", wie sie Kant nennt, nicht mit Worten oder Thaten danken können, aber wenn der Mensch das Maß des Schmerzes in der Thierwelt mildert, soweit es ihm irgend möglich ist, so wird ihm einmal aus metaphysischen Gründen in seiner innern Welt der schönste Lohn werden, weil Mitleid und Liebe zu dem Nebenwesen dem mitfühlenden Ich in Folge der Einheit alles Lebens die vollste Befriedigung geben, dann aber wird er nebenbei, obwohl er sich der Thiere um ihrer selbst willen annimmt, doch auch für das Wohl des Staates sorgen, denn nach einem wahren Worte Lessings ist „der mitleidigste Mensch der beste Mensch, zu allen gesellschaftlichen Tugenden, zu allen Arten der Großmuth der aufgelegteste".